Unserem lieben Bernd
herzliche Glückwünsche zum 45. Geburtstag
und für die Zukunft allzeit ausreichend
Wasser unter dem Kiel!
	Deine
	Eltern

Dahlbruch, 17. 3. 1987

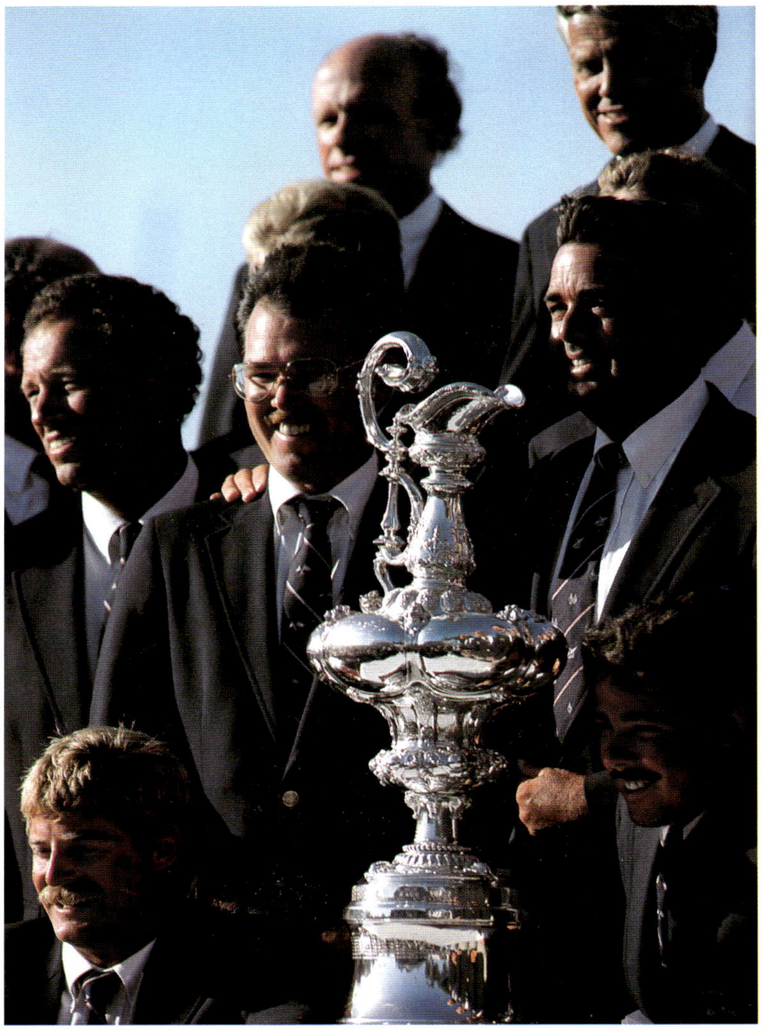

Margherita Bottini

America's Cup '87

Vorwort: John Marshall

Deutsch von
Jutta Wannenmacher
und Klaus D. Kurtz

Delius Klasing Verlag

Titel der italienischen Originalausgabe

AMERICA'S CUP Fremantle 1987

erschienen bei Ugo Mursia Editore, Mailand
und Edizioni White Star, Vercelli

Die Herausgeber danken für die wertvolle
Mitarbeit, die dieses Buch erst möglich machte:

Bruno Troublé, Gianfranco Alberini, John Marshall, Dennis Conner,
Tom Whidden, Giovanni Sicola, Paolo Trimigno, Marc Pajot,
John Kolius, Ben Lexcen, Rod Davis, Harold Cudmore,
Daniel Charles, Tom Blackaller und John Bertrand.

© 1987 Ugo Mursia Editore, Italy
© 1987 Edizioni White Star, Italy

Die Rechte für die deutsche Ausgabe liegen beim
Verlag Delius, Klasing & Co, Bielefeld

ISBN 3-7688-0562-x

Alle Rechte vorbehalten

Koordination und Produktion:
Edizioni White Star, Vercelli, Italien
Grafische Gestaltung: Giorgio Tacchini
Satzherstellung:
Kunst- und Werbedruck, Bad Oeynhausen
Lithos: Sele Offset, Turin

Printed in Italy by G. Canale & C. S.p.A. Turin
Februar 1987

INHALT

	Vorwort	6
	Einleitung	8
1	Die Protagonisten	13
2	Die ersten Rennen	47
3	Auf dem Weg zur Entscheidung	87
4	Die Entscheidung	109

STARS & STRIPES und NEW ZEALAND im letzten Rennen um den Louis-Vuitton-Cup der Herausforderer.

VORWORT

Schmerz. Fassungslosigkeit. Schlaflose Nächte mit den stets gleichen quälenden Fragen: Waren wir wirklich erledigt, waren wir der Herausforderung durch eine jüngere, härtere Generation nicht mehr gewachsen?
Skrupellos hatten uns die Aussies 1983 den Cup entführt, mit der Verachtung von Piraten für althergebrachte Grundsätze und ehrwürdige Traditionen. Wie Gesetzlose aus dem Wilden Westen hatten sie Newport erstürmt, mit ihrer Kreativität und dem zornigen Spott, den die Jugend konservativen Werbegriffen entgegensetzt.
Danach wurde Newport, diese elegante und kultivierte Stadt, für uns zum Symbol all dessen, was bei der letzten Verteidigung des America's Cup schiefgelaufen war. In Newport meinten wir, das England von 1851 zu erkennen, mit seiner vom Luxus eines goldenen Zeitalters verweichlichten Vitalität, seinen verfeinerten Vorlieben für den Musik- und Kunstgenuß des Kontinents und mit seiner gezähmten Blutgier, die sich damit begnügte, auf manikürten Landgütern pro forma ein paar Rebhühner abzuschießen.
Dagegen waren 1851 wir Amerikaner das Volk gewesen, dessen Wirtschaftskraft, Ehrgeiz und Einfallsreichtum alle Grenzen sprengten. Als unser radikaler Schoner durch den Englischen Kanal segelte, beflügelten ihn die Kühnheit und das Selbstvertrauen einer jungen Nation.
Unbeachtet wie die erste Dünung eines fernen Sturms hatten sich die früheren australischen Herausforderungen an unseren Küsten totgelaufen. Auch 1980, nach der erfolgreichen Verteidigung des Cups, ruhte das amerikanische Segel-Establishment noch selbstzufrieden auf seinem Lorbeer aus. Beim gegenseitigen Schulterklopfen wurde höchstens die Frage laut, ob Conners FREEDOM-Programm für das Ansehen unseres Sports nicht zu professionell, zu aufwendig gewesen war.
In der Tat, die Auguren unseres Metiers versagten kläglich, als sie den Fötus unserer Niederlage im Schoß der australischen Herausforderung von 1980 übersahen. Denn mit der gleichen Verwegenheit und Kreativität, zu der Dennis uns durch seine rigorose Arbeitsmoral inspirieren wollte, hatten die Aussies schon COURAGEOUS' Linienriß von Sparkman-&-Stephens-Deserteuren gekauft, hatten Johan Valentijn eingebürgert, damit er bei der Konstruktion mit Ben Lexcen zusammenarbeiten konnte, und hatten den revolutionären flexiblen Mast der Briten abgekupfert und verbessert, um ihr Schiff bei Leichtwind unschlagbar zu machen.

Dabei hatten die Australier schon 1980 gezeigt, daß sie imstande waren, uns den Cup zu entreißen. Denn sie gewannen das zweite Rennen und verloren einen weiteren Sieg lediglich durch Abbruch wegen Zeitüberschreitung. Wenn FREEDOM die anderen Rennen anscheinend routiniert für sich entschied, so lag dies nur daran, daß hier mangelnde Erfahrung der Australier auf Conners Meisterschaft im Matchracing gestoßen war. Folgerichtig wurde 1983 zum letzten Akt eines Dramas, das bereits 1962 mit der australischen GRETEL begonnen hatte.

JOHN MARSHALL

Nach dem September 1983 waren wir zunächst bereit, das Feld den jungen Löwen zu überlassen. Neuseelands Chris Dickson, der Mann mit dem starren Schlangenblick, und John Kolius, der coole Texaner, alle diese Twens standen schon in den Startlöchern, um über unsere Köpfe hinweg die nächste Generation der Aussies herauszufordern. Dort fühlten sich Murray und Beashel, ebenfalls junge Männer, bestens gerüstet für ihr ganz persönliches High-Noon-Duell. Aber nach und nach verwandelte sich unser Schock in Wut, der Zweifel an uns selbst in eiserne Entschlossenheit. Wir waren ausgetrickst worden, geschlagen mit den Waffen, die Amerikanern am teuersten sind: Einfallsreichtum und Technologie, Teamarbeit und Draufgängertum. John Bertrand hatte gezockt wie ein Glücksspieler vom Mississippi. Er verstand sich aufs Pokern, setzte alles auf Lexcen und den Flügelkiel und wurde lachender Gewinner. Ich habe gehört, wie man Warren Jones, den "Vater des boxenden Känguruhs", einen Gangster nannte, aber heute erkennen wir, was uns verbindet. Als er den Herren vom New York Yacht Club die Pistole auf die Brust setzte, mußten sie blinzeln — und AUSTRALIA II gewann.
So trat also der eigene starke Nachwuchs gegen uns an. Doch wir kamen zu dem Schluß, daß wir ihn schlagen konnten. Mit unserer Erfahrung, unserer Reife und mit unserem Zorn würden wir sie schlagen — alle.
Nun ist der Cup wieder in den USA. Wie ein mächtiger Bär wurde unser Land aus dem Schlaf gerissen und angestachelt zu einem gewaltigen Kraftakt, der die Anstrengungen der Weltbesten zunichte machte. Sechs Herausforderer aus USA, Skipper wie Melges, Davis, Blackaller, Kolius, Cayard, Isler und Conner, demonstrierten die Stärke der Nation.
Trotzdem bestanden bei dieser großen gemeinsamen Anstrengung schon vom Ansatz her starke Unterschiede. Für einen Sieg brauchte es mehr als Entschlossenheit — ein Plan mußte her. Nur zwei der sechs amerikanischen Syndikate gelangten unter die besten vier, zusammen mit NEW ZEALAND und FRENCH KISS. Beide hatten auf Risiko gesetzt, auf die Prämisse, daß die überlegene Konstruktion, das schnellere Schiff, am Ende gewinnen würde. Andere amerikanische Konsortien, wie die von COURAGEOUS, EAGLE und HEART OF AMERICA, hatten eine zu dünne Finanzdecke und waren technologisch zu schwach, um sich zu ernsthaften Konkurrenten zu entwickeln. Der New York Yacht Club hatte die 1983 erteilte Lektion nicht begriffen und entschied sich für die unselige Kombination eines jungen, leistungsmäßig noch unbe-

ständigen Skippers von unzureichendem Technologieverstand mit einem Konstruktionsprogramm, dem es für einen Vorstoß in Neuland an Weitblick mangelte. Ohne prägnante Führungspersönlichkeit ging New York in einem Wettbewerb radikaler Innovationen vorsichtig nach einem evolutionären Programm vor.

Unser eigenes STARS & STRIPES - Team erhob sich direkt aus der Asche der Niederlage von 1983, direkter als alle anderen amerikanischen Gruppen. Schließlich waren wir, nicht der New York Yacht Club, die Akteure gewesen, deren Programm sich 1983 als zu konservativ und zu schwach erwiesen hatte. Unser war die Schande, unser der Schmerz. Und mehr als andere lernten wir daraus.

Für die intellekt- und technologiefeindliche Einstellung in Amerika, die von 1980 bis 1983 entscheidende Fortschritte auf dem Konstruktionssektor verhindert hatte, war Dennis Conner genauso verantwortlich wie die anderen Größen der Yachtszene. Auf MARINER spürte er am eigenen Leibe, welch ein Desaster entsteht, wenn das Entwicklungsprogramm aus dem Kurs läuft; auch hatte er von INTREPID bis COURAGEOUS, von ENTERPRISE bis FREEDOM erlebt, wie steril im Schlepptank erarbeitete Verbesserungen sein können. Aber er stellte sich mutig seinem Irrtum, erkannte, daß er von Kräften geschlagen worden war, die er verlacht hatte, und daß er nur siegen konnte, wenn er voll auf konstruktive Aspekte setzte.

Im Grunde war unsere Strategie sehr einfach: Wir würden uns ganz auf die Entwicklung eines schnelleren Schiffs konzentrieren und alles riskieren, um technische Fortschritte zu erzielen. Da wir zwölf Herausforderer mit 21 Neukonstruktionen und danach das beste der vier australischen Syndikate mit insgesamt sieben neuen Zwölfern gegen uns haben würden, war ich überzeugt, daß wir sehr viel mehr benötigten als nur eine gute Konstruktion. Die Statistik legte den Schluß nahe, daß der Sieger einen Durchbruch verkörpern würde, in entscheidenden Faktoren eine radikale Abkehr vom Althergebrachten, kurz: einen weißen Raben. Dieses Ziel mußten wir anpeilen und ein Fiasko riskieren, falls wir uns irrten.

Angesichts der Geschwindigkeit, die AUSTRALIA II 1983 vorgelegt hatte, wußte Dennis Conner, daß er eine Allianz mit der Technologie eingehen mußte, auch wenn er ihr weder Vertrauen noch Verständnis entgegenbrachte. Außerdem war ihm bewußt, daß er ein sehr viel höheres Budget als zuvor benötigte und einen ungeheuer aufwendigen Schlachtplan, der geheimes Training in Hawaii vorsah und später den ganzen Feldzug in Fremantle. Obwohl er stolz war auf sein eigenes Führungstalent, begriff er die Unentbehrlichkeit eines gut ausbalancierten Teams, gruppiert um einige Veteranen, denen er vertraute. Und am allerwichtigsten: Er war sich völlig klar darüber, daß er und sein Team das Programm in eigener Regie entwickeln und absolvieren mußten, ohne Einmischung von Seiten der Geldgeber.

Mit der Finanzierung wurde Malin Burnham betraut, Zwölfer-Steuermann von 1977 und Bankier in San Diego. Zusammen mit Dennis trug er die Hauptlast der Geldbeschaffung. Er übernahm auch den Vorsitz im Konsortium. Tom Whidden, der Taktiker von 1983, wurde Dennis Conners Handlungsbevollmächtigter, organisierte die Crew und beaufsichtigte die Tagesarbeit. Mir oblagen Konstruktion und Technik, und außerdem saß ich mit DC, Malin und Fritz Jewett im Vorstand. Fritz war 1980 und 1983 unser Vorsitzender gewesen und hatte 1974 und 1977 Kampagnen der US-Westküste finanziell unterstützt.

Dennis und mir schwebte ein vielseitiges Designerteam vor, das Amerikas beste Köpfe aus den verschiedensten Fachdisziplinen vereinigen sollte, darunter auch drei Yachtkonstrukteure, welche die ganze Zeit zusammenarbeiten mußten. Dafür richteten wir einen Sonderetat von 3,5 Millionen US-Dollar ein. Manchmal waren am Konstruktionsprozeß bis zu 30 Mitarbeiter beteiligt. Die Frage war nur, ob eine solche Mammutabteilung überhaupt in den Griff zu bekommen war. Dennis überredete mich, die Leitung zu übernehmen.

Für mich war STARS & STRIPES die fünfte America's-Cup-Kampagne und die dritte mit Dennis. Seiner Ansicht nach zählten diese Jahre praktischer Erfahrung enorm viel bei der Verzahnung eines kreativen Konstruktionsprogramms mit den Realitäten des Regattakurses. Dennis kannte meine wissenschaftliche Ausbildung in Harvard und beim Rockefeller-Institut. Mit diesem Hintergrund sollte ich die gleiche Sprache sprechen wie das Technikerteam und als Schiedsrichter bei seinen unausweichlichen Disputen fungieren können. Außerdem hielten wir beide meine Erfahrungen in der Geschäftswelt (ich war Präsident der North-Sails-Gruppe gewesen und jetzt Geschäftsführer bei der Yachtwerft Henry R. Hinckley & Co.) für sehr nützlich beim Synchronisieren des Designprojekts und der Mitüberwachung der gesamten Kampagne.

Sobald erst einmal die Grundlinien unserer Arbeit, mit einer technischen Innovation als Zielvorgabe, festgelegt waren, ergab sich die Zusammensetzung der Gruppe fast von selbst. Wir verpflichteten drei der besten Yachtkonstrukteure der USA — Chance, Nelson und Pedrick —, die sich in Erfahrung und Arbeitsweise hervorragend ergänzten. Sie waren begeistert von unserem Konzept und formulierten eine Übereinkunft, wonach alle Elemente der Konstruktion dem Team als ganzem und nicht einer Einzelperson zugeordnet werden sollten. Wir baten Lee Davis, den alten Wetterhasen von 1983, der seinerzeit die Prognosen für LIBERTYS umstrittene Ballastveränderungen abgegeben hatte, mit seinem Protégé Chris Bedford, uns ein außergewöhnlich detailliertes Wetterprogramm zu erarbeiten. Denn wir wußten, daß die richtige Adaption des Bootes an die Bedingungen vor Fremantle entscheiden sein würde.

Clay Oliver erstellte das Computermodell für die in engere Wahl gezogenen Entwürfe und ließ sie zum Vergleich in elektronisch simulierten Rennen laufen, an jedem Tag des fünfzehn Jahre zurückreichenden Wetterkalenders von Fremantle, den Davis aufgezeichnet hatte. Charles Boppe von Grumman beriet uns beim Kielentwurf mit seinem Aerospace-Knowhow, Karl Scragg von SAIC (Science Application International Corporation) schlug radikal neue Rumpfformen vor, die unter Leitung des Swath-Erfinders Tom Lang im Schlepptank getestet wurden. 3 M erklärte sich bereit, uns bei der Beschichtung des Unterwasserschiffs zu helfen. Amerikas führender Experte in theoretischer Hydrodynamik, John Letcher, überwachte unsere Physikaufgaben, und der Trainer des amerikanischen Olympiateams von 1984, Robert Hopkins, leitete unser Testprogramm auf dem Wasser und wurde später unser Segeltrainer.

Im Februar 1986 hatten wir die Überzeugung gewonnen, daß unser Designteam nicht nur innovative Arbeit leisten, sondern auch die späteren Eigenschaften selbst radikaler Konzepte vorhersagen konnte. Unser letzter Entwurf, STARS & STRIPES '87, war der ehrgeizigste von allen. Er hatte unserer Ansicht nach das Zeug zu wahrhaft außergewöhnlichen Leistungen. Aber Dennis sprach sich dagegen aus, daß er auf Kiel gelegt wurde. Er war überzeugt, daß er es auch mit STARS & STRIPES '85 schaffen würde, daß uns die mittlerweile angehäufte gewaltige Schuldenlast ruinieren konnte, wenn wir uns nicht auf das absolut Notwendige wie Segel, Spieren, Winschen und die Tagesarbeit beschränkten.

Doch im letzten Augenblick gewannen Überredungskunst und Engagement die Oberhand über die Vernunft. Trotz unserer verzweifelten Finanzlage bewilligte der Vorstand das für die neue STARS & STRIPES '87 und ihren Transport nach Fremantle notwendige Geld. Auf dem Weg dorthin durfte sie noch fünf Tage in Hawaii trainieren, was aber ausreichte, um Dennis von der Richtigkeit unserer Entscheidung zu überzeugen.

Jetzt hatten wir ein Schiff, das es schaffen konnte, und mußten nur noch um die Mittel kämpfen, die wir für die Fortsetzung unserer Forschungsarbeit benötigten. Unsere Rechtfertigung dabei war, daß immer neue Umrüstungen in dem Maße notwendig sein würden, wie wir den Gegner besser abschätzen lernten. Da aber unsere Finanzlage kritischer wurde als je zuvor, gab Malin Burnham die Devise aus: Schluß mit dem Zeichnen, ab in die Boote! Ich war jedoch sicher, daß wir genau dann, wenn wir uns für perfekt hielten, von einem Konkurrenten überholt werden würden. Also testeten wir weiter, verließen uns auf ein finanzielles Wunder und nahmen nach den Vorrunden im Oktober und im November noch gravierende Umbauten am Schiff vor.

Im Dezember, am Ende der dritten Vorrunde, spürte Dennis, daß wir mindestens genausogut waren wie NEW ZEALAND, wenn nicht sogar um eine Idee besser. Da schlugen die Konstrukteure größere, nicht rückgängig zu machende Veränderungen an Kiel, Kielflügeln, Ballast und Ruder vor. Mit ihrer Hilfe würden wir, wenn alles klappte, gegen USA und NEW ZEALAND um etwa sieben Sekunden pro Meile schneller sein als in der letzten Vorrunde. Aber falls uns die Computeranalysen und die Modellversuche in die Irre geführt hatten, bedeutete es das Ende für STARS & STRIPES.

Der Rest ist bekannt. Dennis riskierte alles. Bei Windgeschwindigkeiten zwischen sieben und 30 Knoten lag STARS & STRIPES in jedem Rennen an jeder Bahnmarke in Führung. Der geringste Zeitabstand im Ziel war eine Minute und zehn Sekunden. Seit INTREPID 1967 hatte kein Zwölfer in den Regatten um den America's Cup so überlegen gewonnen. Von den anderen Herausforderern mit immer wachsendem Druck bedrängt, von Monat zu Monat ständig verbessert, konnte STARS & STRIPES die Verteidigerin niedermachen.

Amerika ist nun selbst zur Verteidigung gefordert. Angesichts der gewaltigen intellektuellen Potenz der Nation scheint das eine leichte Aufgabe zu sein. So leicht wie — sagen wir — 1983?

Unweigerlich werden die Herausforderer in dieses Ringen mehr Geld, mehr Kreativität und mehr Risikobereitschaft einbringen als die Verteidiger. Kevin Parry wird mit einem Budget von 40 Millionen US-Dollar wieder dabei sein, und Alan Bond dürfte sich von Parry nicht übertrumpfen lassen. Die Kiwis sind bestimmt auf den Nachweis erpicht, daß ihr glänzender Erfolg von 1987 kein glücklicher Zufall war. Dazu das technische Fachwissen von Dassault für die Franzosen, eine gründliche Neugruppierung der Italiener als Pflaster für ihr verletztes Ego. In Japan spricht man von einer 100-Millionen-Premiere, auch Spanien, Schweden und die Schweiz wollen alle debütieren. Kanada wird seine reifliche Erfahrung wieder ins Spiel bringen. Das gleiche gilt für die Briten, die sich bis zum Schluß stetig verbesserten und es verdient hätten, unter die besten vier Herausforderer zu kommen. Wen habe ich vergessen? Ach ja - die Deutschen. Sie sind zur Zeit die stärkste Kraft bei internationalen Seeregatten.

Wie wird Dennis es schaffen, die amerikanischen Anstrengungen so zu bündeln, daß die Besten für den San Diego Yacht Club ins Rennen gehen? Schon New York fiel es trotz seines enormen Prestiges sehr schwer, die lokalen Eifersüchteleien zu unterdrücken. Wird San Diego, die Stadt ebenso wie ihr Yachtklub, die Fußangeln egoistischen Profitstrebens meiden können, die Perths Verteidigung zu Fall brachten? Werden die amerikanischen Geldgeber über sich hinauswachsen und angesichts der unvermeidlichen, gewaltigen Kosteneskalation weiterhin die Rechnung bezahlen? Und schließlich - kann der Verteidiger die Feuer der Innovation und Kreativität zu solcher Weißglut schüren, wie sie die Herausforderer mit Sicherheit erreichen werden? „Wer nicht wagt, der nicht gewinnt", das ist eine Binsenweisheit in diesem Spiel.

Wenn wir den Cup wirklich erfolgreich verteidigen, dann wird dies Dennis Conner zu verdanken sein, der ihn verlor und zurückgewann und ihn damit den Fesseln der 44. Straße entriß - nicht für San Diego, sondern für Amerika. Erst am 4. Februar 1987, nach 135 Jahren, wurde die berühmte silberne Kanne in Wahrheit zum Cup Amerikas. Damit wurde dem Schicksal für Amerika die Chance abgerungen, in einem großen gemeinsamen Kraftakt die Ehre der ganzen Nation zu verteidigen.

JOHN MARSHALL
(Koordinator des gesamten Teams)

EINFÜHRUNG

Als 1983, nach 132 Jahren amerikanischer Überlegenheit, die Herausforderin AUSTRALIA II ihr viertes und entscheidendes Rennen gegen LIBERTY gewann und damit in die Geschichte des Segelsports einging, wurden Befürchtungen laut, daß der America's Cup nun einiges von seiner Faszination und Bedeutung verlieren würde; schließlich hatte er damit den Mythos einer unerreichbaren Trophäe eingebüßt. Wer würde künftig noch gewillt sein, die Arbeit mehrerer Jahre zu investieren, nur um als zweiter, dritter oder vierter Cupgewinner in der Chronik zu stehen?

Doch die Kanne verlor nichts von ihrem Glanz. Sie funkelte sogar noch verlockender als je zuvor, weil ihre Rückeroberung das Ziel eines gewaltigen Feldzugs wurde — und weil in jenem letzten Sommer in Newport einige neue und aufregende Faktoren ins Spiel gekommen waren.

Bisher hatten stets die Amerikaner den Cup gewonnen, auch wenn sie nicht immer als die Besseren galten. Jetzt endlich waren sie besiegt worden, auf technologischem wie auf sportlichem Terrain, und zwar von einer noch jüngeren Nation. Der fünfte Kontinent, diese riesige, größtenteils öde Insel mit nur 15 Millionen Einwohnern, schlug die Supermacht, die als erste einen Mann auf den Mond geschickt hatte.

Die Cupregatten von 1983 waren von einem Team gewonnen worden, das den Mut besaß, mit der Tradition zu brechen und wirklich Neuland zu betreten. Dank moderner Konstruktionsansätze hatten die Australier ein Schiff von beachtlichem Leistungspotential gebaut, das wegen seines Flügelkiels noch berühmt werden sollte. Alle, die der Zwölferklasse die Fähigkeit zu revolutionären Innovationen abgesprochen hatten, wurden eines Besseren belehrt. Alan Bond, Ben Lexcen und John Bertrand konnten eine der meistbegehrten Trophäen dieser Welt auf die Südhalbkugel entführen. Das aber weckte in anderen Weltgegenden die Überzeugung, daß man sie den „Aussies" auch wieder abjagen könne. Nein, der Mythos des America's Cup erlosch nicht an jenem 26. September 1983, im Gegenteil, der Gral schien näher gerückt zu sein. Viel mehr Bewerber wähnten ihn nun in ihrer Reichweite, seit er nicht mehr im ehrwürdigen, halbdunklen Trophäensaal des New York Yacht Club festgeschraubt schien. So kam es, daß der Andrang der Herausforderer bei den Cupregatten von 86/87 größer war als je zuvor.

Als dem Royal Perth Yacht Club die Rolle des Verteidigers zufiel, gewann die Szene sofort an Faszination und Dramatik. Und daß der Cup schließlich in den Händen eben der Männer nach USA zurückkehrte, denen er zuvor entrissen worden war, ließ seinen Nimbus nur noch heller strahlen. Eines ist jetzt gewiß: Ganz gleich, wie es weitergeht und von wem er künftig verteidigt werden sollte – das legendäre Symbol für überragendes seglerisches Können, der America's Cup, wird seine Faszination behalten. Wo die Cupkonkurrenz auch ausgetragen werden mag, sie wird immer vom Reiz des Spiels geprägt sein, das sie im Grunde auch ist, aber – weil ungemein komplex – mit keinem anderen Wettspiel vergleichbar. Entscheidend dabei sind nicht nur Training, sportliche Bestform und Muskelkraft, nicht nur die innere Einstellung, Konzentrationsfähigkeit und emotionale Ausgeglichenheit, nicht nur Erfahrung, Wissenschaft, Technik und Forschung. Es ist all dies zusammen, verschmolzen in einem Team der unterschiedlichsten Charaktere, in Männern, die mitunter sogar verschiedene Sprachen sprechen, aber unbedingt und jederzeit genau verstehen müssen, was die anderen meinen.

Was den America's Cup so sehr von anderen Sportereignissen unterscheidet, ist der Umstand, daß er weder Anfang noch Ende kennt, vergleichbar einem Organismus, der sich ständig regeneriert. Jede Erfahrung ist nützlich als Vorbereitung auf die nächsten Erfahrungen. Der Cup pulsiert ständig in mehr oder weniger intensivem Rhythmus und erreicht alle drei Jahre einen Höhepunkt an Spannung und Popularität, wenn sich die Konkurrenten zum Start der ersten Rennen auf der Bahn versammeln.

Jedes für sich, arbeiten die Teams monate- oder jahrelang und meiden den vorzeitigen Kontakt aus Sorge, ein Geheimnis zu verraten, sei es ihre Entscheidung zwischen den Konstruktionsalternativen oder den Stand ihrer Vorbereitungen. Heimlich aber versuchen sie die ganze Zeit, mehr über den Fortschritt der anderen zu erfahren. Sie spüren die Spannung wachsen, während sie zum tausendstenmal das gleiche Manöver fahren, und müssen doch Monate oder Jahre warten, ehe sie ihren Gegnern Auge in Auge gegenüberstehen. Sie verbringen viel mehr Stunden mit Test- und Vergleichsfahrten als später beim eigentlichen Kräftemessen mit dem Feind. Denn diese Sportart kennt keine sonntäglichen Vereinsregatten, auch nicht das alljährliche Treffen zum Grand Prix.

Hunderte von Technikern müssen an langfristigen Projekten arbeiten, stets mit dem Risiko, daß eine neue Erkenntnis ihre Träume platzen läßt, ihnen beweist, daß sie in einer Sackgasse stecken oder sich vom Erfolg sogar weiter entfernt haben als zuvor. Und dennoch ist jede Kampagne bis zur letzten Minute – auch in den Momenten, über die niemand spricht – geprägt von einer eigenen subtilen Faszination. Nur der, den große Yachtrennen in ihren Bann geschlagen haben, kann sie nachempfinden.

Die Vorbereitung auf eine America's-Cup-Kampagne erinnert an den abendlichen Start bestimmter Windjammer-Regatten. Die Konkurrenten sind aufgereiht, halten engen Kontakt. Man läßt einander nicht aus den Augen, man kennt den anderen, das Potential seines Schiffes, seiner Crew. Dann bricht die Dunkelheit herein, und niemand weiß, welchen Kurs die anderen eingeschlagen haben, wie schnell sie segeln – nur vereinzelt schimmern ihre Lichter in der Ferne. Im Schein einer Stablampe und der Instrumentenbeleuchtung gibt jeder sein Letztes, um der Schnellste zu sein. Aber wirklich verlassen kann er sich nur auf seine Intuition. Dann dämmert der Morgen, und er ist immer noch allein – aber als erster oder als letzter? Die Antwort erfährt er erst an der Ziellinie.

Deshalb ist dieses Buch die Geschichte eines Rennens, das vor Sonnenuntergang am 26. September 1983 mit dem Startschuß in Newport auf Rhode Island um 17.20 Uhr begann...

Margherita Bottini

Newport, 26. September 1983: LIBERTY mit Skipper Dennis Conner und AUSTRALIA II (Skipper John Bertrand) im letzten Rennen um den America's Cup 83. Nach dem Sieg der Australier verließ die Kanne, die 132 Jahre lang ununterbrochen im Besitz der Amerikaner gewesen war, erstmals ihren Platz im Trophäensaal des NYYC.

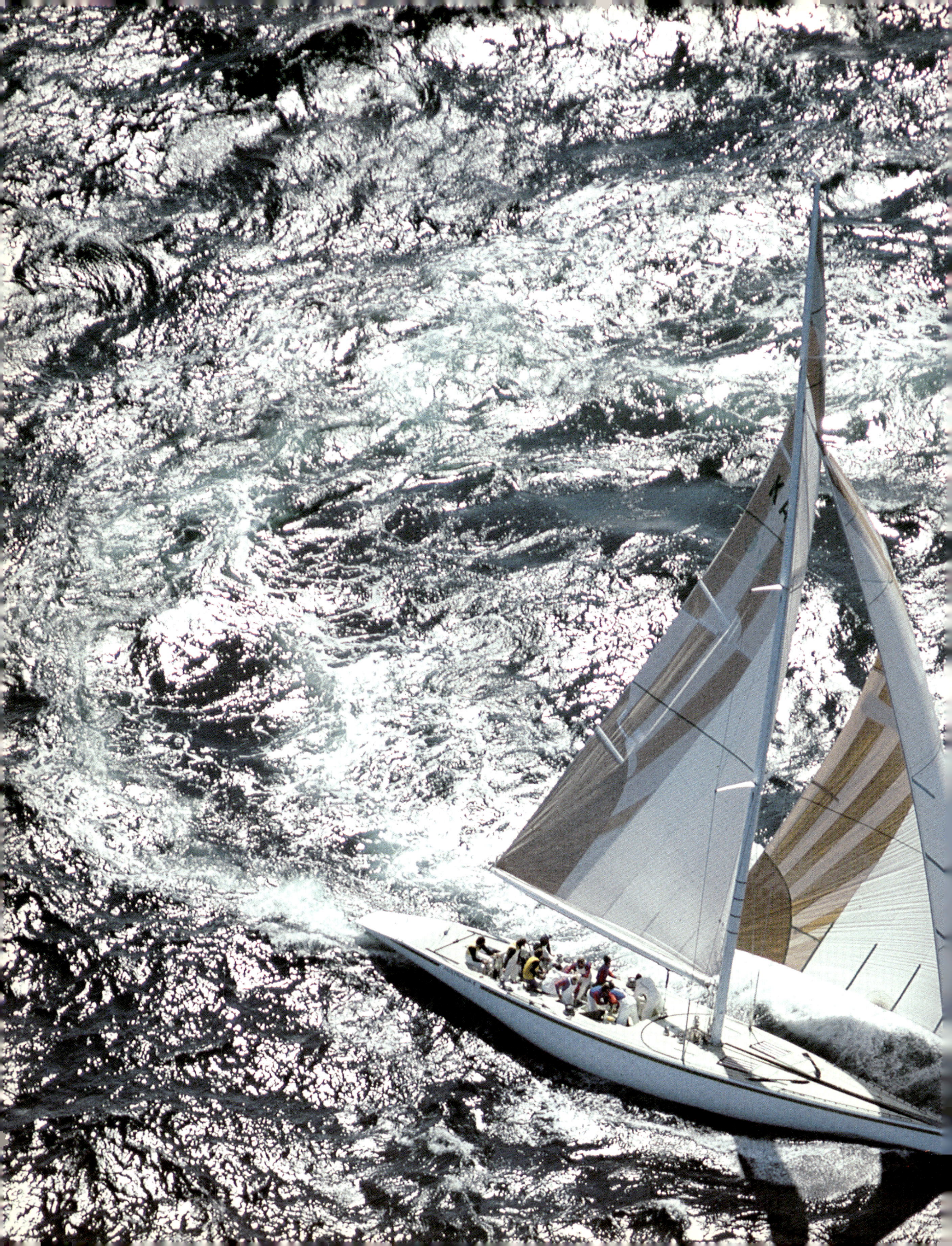

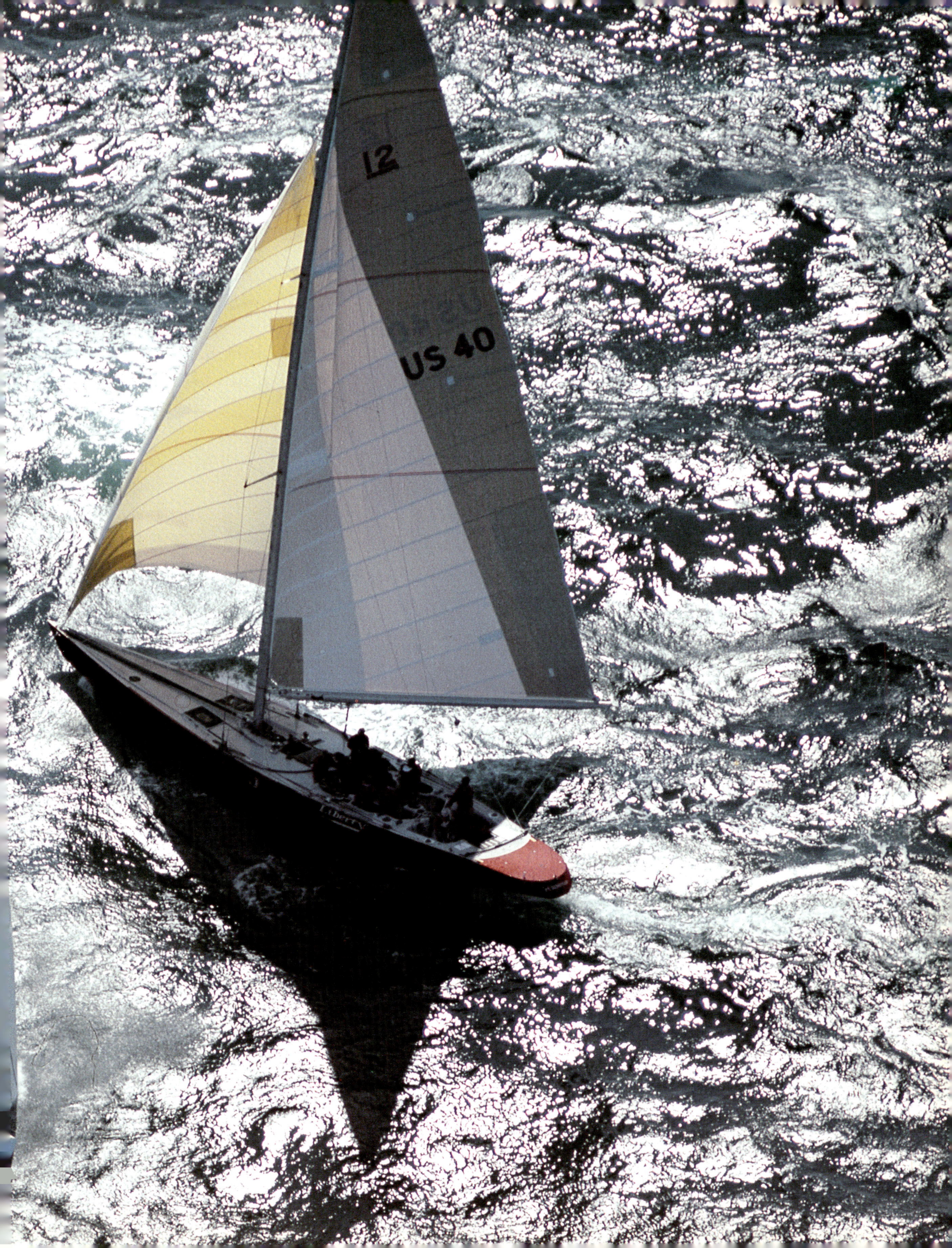
12
US 40
Liberty

Herausforderer

AMERICA II	Skipper: John Kolius; Konstruktion: Bill Langan (Sparkman & Stephens); Syndikat: America II Challenge; Vorsitz: Rich De Vos; Yachtklub: New York Yacht Club.
COURAGEOUS IV	Skipper: Dave Vietor; Konstruktion: Leonard Greene und Roger Marshall; Syndikat: The Courageous Challenge; Vorsitz: Leonard Greene; Yachtklub: Yale Corinthian Yacht Club.
EAGLE	Skipper: Rod Davis; Konstruktion: Johan Valentijn; Syndikat: Eagle Challenge; Vorsitz: Gary Thomson; Yachtklub: Newport Harbor Yacht Club.
HEART OF AMERICA	Skipper: Buddy Melges; Konstruktion: Graham & Schlageter; Syndikat: Heart of America Challenge; Vorsitz: Alan Johnston; Yachtklub: Chicago Yacht Club.
STARS & STRIPES	Skipper: Dennis Conner; Konstruktion: John Marshall, Britton Chance, Bruce Nelson, David Pedrick; Syndikat: Sail America; Vorsitz: Malin Burnham; Yachtklub: San Diego Yacht Club.
USA	Skipper: Tom Blackaller; Konstruktion: Gary Mull, Heiner Meldner, Alberto Calderon; Syndikat: Golden Gate Challenge; Vorsitz: Robert Scott; Yachtklub: St. Francis Yacht Club.
CANADA II	Skipper: Terry Neilson; Konstruktion: Bruce Kirby; Syndikat: Canada's Challenge for America's Cup; Vorsitz: David Howard; Yachtklub: Royal Nova Scotia Yacht Squadron.
FRENCH KISS	Skipper: Marc Pajot; Konstruktion: Philippe Briand; Syndikat: Challenge KIS France; Vorsitz: Marc Pajot; Yachtklub: Société des Régates Rochelaises.
CHALLENGE FRANCE	Skipper: Yves Pajot; Konstruktion: Daniel Andrieu; Syndikat: Challenge France; Vorsitz: Christian Ciganer; Yachtklub: Société Nautique de Marseille.
ITALIA I	Skipper: Aldo Migliaccio; Konstruktion: Giorgetti & Magrini s.r.l.; Syndikat: Consorzio Italia; Vorsitz: Angelo Monassi; Yachtklub: Yacht Club Italiano.
AZZURRA III	Skipper: Mauro Pelaschier; Konstruktion: Andrea Vallicelli; Syndikat: Consorzio Azzurra Sfida Italiana America's Cup; Vorsitz: Riccardo Bonadeo; Yachtklub: Yacht Club Costa Smeralda.
WHITE CRUSADER	Skipper: Harold Cudmore; Konstruktion: Ian Howlett, David Hollom; Syndikat: British America's Cup Challenge PLC; Vorsitz: Graham Walker; Yachtklub: Royal Thames Yacht Club.
NEW ZEALAND	Skipper: Chris Dickson; Konstruktion: Laurie Davidson, Bruce Farr, Ron Holland; Syndikat: BNZ (Bank of New Zealand) America's Cup Challenge; Vorsitz: Michael Fay; Yachtklub: Royal New Zealand Yacht Squadron.

Verteidiger

KOOKABURRA II + III	Skipper: Iain Murray (III), Peter Gilmour (II); Konstruktion: Iain Murray, John Swarbrick; Syndikat: Taskforce '87 Defence Ltd.; Vorsitz: Kevin Parry; Yachtklub: Royal Perth Yacht Club.
AUSTRALIA III + IV	Skipper: Colin Beashel (IV), Gordon Lucas (III); Konstruktion: Ben Lexcen; Syndikat: America's Cup Defence 1987 Ltd.; Vorsitz: Alan Bond; Yachtklub: Royal Perth Yacht Club.
SOUTH AUSTRALIA	Skipper: John Savage; Konstruktion: Ben Lexcen; Syndikat: The Southern Australian Challenge for the Defence of 1987 America's Cup; Vorsitz: Graham Spurling; Yachtklub: Royal South Australian Yacht Squadron.
STEAK N' KIDNEY	Skipper: Gary Sheard; Konstruktion: Peter Cole; Syndikat: New South Wales and Sydney Challenge; Vorsitz: Syd Fischer; Yachtklub: Royal Sydney Yacht Squadron.

1 DIE PROTAGONISTEN

Dennis Conner (3. v. l.) und seine Mannen von STARS & STRIPES sind zum ersten America's Cup in Australien eingetroffen, entschlossen zur Revanche für die Niederlage, die sie 1983 in Newport mit LIBERTY erlitten.

1 DIE PROTAGONISTEN

Männer und Segel

Fremantle, West-Australien. Es ist Sonntag, der 21. September 1986, 11.00 Uhr. Im Handelshafen wird AUSTRALIA IV zum ersten Mal der Öffentlichkeit vorgestellt, während draußen auf der neuen America's-Cup-Bahn, nahe der Fairway-Tonne, das Sail-America-Team unter Skipper Dennis Conner mit seinem Boot STARS & STRIPES Test Nr. 1476 absolviert, auf Raumschotskurs und gemeinsam mit STEAK N' KIDNEY. Bei Sonnenuntergang wird der auf dem Tender BETSY installierte Computer für diesen Tag 55 Tests gespeichert haben. Weit draußen an der Kimm segeln KOOKABURRA II und KOOKABURRA III mit speziellen Kameras im Mast, die den Stand der Segel aufnehmen und zum Bordcomputer übertragen. Er vergleicht die so erhaltenen aktuellen Werte ständig mit den als optimal gespeicherten.

Die große Zwölfer-Gemeinde ist wieder in Höchstform und endlich von der Theorie zur Praxis übergegangen. Nach Jahren vorbereitender Forschung brauchen alle – oder fast alle – Teams Bestätigung und Resultate. Sie sind nötig, damit sie an ihren Booten die letzten Korrekturen vornehmen und sich mit gestärktem Selbstvertrauen in den langen Ausleseprozeß stürzen können, der vor ihnen liegt.

Die „Children of the America's Cup" sind bei ihren Kriegsspielen. Immerhin behaupten die Engländer, der einzige Unterschied zwischen einem Mann und einem Knaben sei der Preis des Spielzeugs. Es gibt insgesamt 17 Teams; um das Recht, den America's Cup verteidigen zu dürfen, bewerben sich vier australische Gruppen, und 13 Teams aus sechs Nationen wetteifern darum, der offizielle Herausforderer zu werden. Rechnet man zu den Seglern noch die Techniker, Organisatoren, Wissenschaftler, Designer und Logistiker hinzu, kommt man auf mehrere tausend Teilnehmer an diesen America's-Cup-Regatten, die erstmals in Australien stattfinden; ein Ereignis, das in der Geschichte des Segelsports nicht seinesgleichen hat.

Aber es geht nicht nur um das große Geld und um generalstabsmäßige

Perth, dessen Bewohner eifrige Wassersportler sind, liegt am Swan River. Hier ein Blick auf die Marina Peppermint Grove.

Eine Party im Royal Perth Yacht Club, der 1865 gegründet wurde. Für die Farben dieses Klubs gewann AUSTRALIA II 1983 den Cup in Newport.

Organisation. All dem zu Grunde liegt eine so hohe persönliche Einsatzbereitschaft jedes einzelnen, daß Worte ihr fast nicht gerecht werden können. „Es läßt sich nur schwer erklären, aber der America's Cup ist wirklich was Besonderes", sagt Ted Turner, der ihn 1977 gewonnen hat. „Es gibt in der Welt nur wenige Sportereignisse, die so hohen Einsatz verlangen wie der America's Cup", behauptet John Bertrand, der ihn 1983 nach Australien holte. „Der Skipper muß nicht nur sein Boot und die Renntaktik beherrschen, er muß auch die unterschiedlichsten technischen Probleme bewältigen und Programmabläufe mit einem Zyklus von drei Jahren ... Um zum Sieg zu kommen, muß man auch eine philosophische Ader haben ... einen Traum: Hervorragendes zu leisten, wo andere versagt haben. Das ist eine unglaubliche Polarisation der Gedanken, die totale Konzentration auf ein einziges Ziel, ein ganz bestimmtes Resultat ... Wenn man diese Sphäre erst erreicht, wird die Luft da oben verdammt dünn ... Über Kielformen, Segel und Masten wird so viel geschrieben, aber wer versucht schon, die beteiligten Menschen zu verstehen? Klar, über technische Details zu reden, ist viel einfacher, denn es reicht ja, sie zu beschreiben. Emotionen aber muß man erst einmal nachempfinden, ehe man sie schildern kann. Man muß selbst bis zum bitteren Ende erlebt haben, welch hohen Einsatz es verlangt, der Beste zu werden – erst dann ist man auch fähig, es zu beschreiben."

Die ersten 136 Jahre der Pokalgeschichte sind wahrhaft bemerkenswert genug, aber der dramatische Höhepunkt kam, als die Amerikaner den Cup 1983 an die Australier verloren. Damit eröffneten sich für Segler aus allen Teilen der Welt ganz neue Horizonte. Auf der Regattabahn vor Perth begann eine andere Ära. Der Erfolg hängt zwar zunehmend ab vom Einsatz neuester Technologie, aber das eigentlich Faszinierende an dieser Herausforderung bleibt doch, daß sie nach wie vor vom „Faktor Mensch" entschieden wird – von dem Ehrgeiz, aus immer gewagteren Konfrontationen als Bester hervorzugehen.

Glanz der Herausforderung

Warum aber gilt das in so besonderem Maße für den America's Cup – und nicht auch für andere große Yachtrennen?

Die Skyline von Perth mit ihren Hochhäusern, vom Hügel im King's Park aus gesehen. Das Zentrum wächst immer noch in die Höhe und Breite.

„Es liegt daran, daß dir der America's Cup das Gefühl gibt, von allen der Beste zu sein, wirklich der Beste der Welt", behauptet Skipper John Kolius. Das würde auch erklären, warum die Protagonisten bereitwillig Familie, Beruf und Karriere vernachlässigen, morgens um 05.30 Uhr zum Frühsport aus dem Bett springen, den ganzen Tag draußen segeln und den Abend mit Konferenzen und Manöverkritik verbringen — alles nur für die Auszeichnung, an einer Zwölferregatta teilnehmen zu dürfen!

Mag auch die große Bedeutung von Technologie und Forschung in aller Munde sein, mag die Rolle der Sponsoren immer wichtiger werden und das Geld, das mit dem America's Cup zu verdienen ist, immer horrender. Dennoch läßt sich die Tatsache nicht leugnen, daß zur Teilnahme an einer America's-Cup-Kampagne eine viel tiefere und persönlichere Motivation nötig ist. Ob ein Konkurrent nun erste Siegeslorbeeren erringen will oder ob er nach Rache dürstet — stets rührt der Kampf an sein innerstes Wesen, an unsere atavistische Natur, und nur der Umstand, daß er mit Yachten ausgetragen wird, läßt ihn weniger exzessiv erscheinen.

Das Ereignis America's Cup ist komplex, vielen Interpretationen offen und erschließt sich nur dem gründlichen, differenzierenden Betrachter. Es kann zuweilen Big Business sein oder Sport — und dann wieder zweckfreies Spiel oder wissenschaftliches Versuchsfeld. Es kann die augenfällige Bestätigung eines bereits errungenen Status' sein oder die Eintrittskarte in einen exklusiven Klub. Wer auch den Preis entrichtet, ob nun durch finanzielles Engagement oder persönlichen Einsatz, er ist der festen Überzeugung, daß er sich damit einen Platz, und sei er noch so klein, in der Geschichte sichert. Dies ist der Grund, warum das Wort von der „Herausforderung America's Cup" einen so besonderen Klang hat und warum seine Protagonisten mitunter das Risiko eingehen, ihm wie Besessene zu verfallen.

Eine bittere Demütigung

Wenn man den Wert der in Fremantle versammelten Symbole richtig ermessen will, muß man sich vergegenwärtigen, wie tief der amerikanische Nationalstolz 1983 verletzt wurde. Nach vielen Jahrzehnten der Überlegenheit waren die Amerikaner von Männern besiegt worden, die den Mut zu etwas völlig Neuem gehabt hatten. Der Flügelkiel von AUSTRALIA II bedeutete den totalen Bruch mit der Tradition und das Ende einer ganzen Philosophie. „1983 glaubten die Amerikaner felsenfest an ihre Überlegenheit", sagt einer der Protagonisten, der Berater des AMERICA II-Teams Olin Stephens. „Man war wohl der Überzeugung, im Besitz aller optimalen Lösungen zu sein. Dies erklärt auch die allgemeine Abneigung, Geld in die Forschung zu investieren — jedenfalls bis AUSTRALIA II auf den Plan trat. Aber wir haben daraus eine Menge gelernt."

Mit AUSTRALIA II wurde die Tür zu einer weitaus radikaleren Denkweise aufgestoßen. Davor hatte man geglaubt, daß der konventionelle Zwölfertyp eine Perfektion erreicht hatte, die kaum noch verbessert werden konnte. Nun setzte sich ein neuer Mechanismus in Bewegung, dessen Antrieb obskurer Nationalstolz und dessen Ziel die Rückeroberung des Pokals war. Als die Trophäe den Nimbus verlor, exklusiver Besitz des New York Yacht Club (NYYC) zu sein, änderte sich ihr Symbolcharakter. Für die einen wurde sie zum Gral, der um jeden Preis zurückgeholt werden mußte, für die anderen zur Beute, die erwiesenermaßen erobert werden konnte und jedem Syndikat oder Klub winkte, wenn er nur die richtige Kampagne organisierte. Das galt ebenso für Neu-England wie für Kalifornien. Wie die Sache auch ausgehen würde, fest stand von Anfang an, daß die Amerikaner bei dieser ersten australischen Cup-Verteidigung zu den Hauptkonkurrenten gehören mußten.

Die aggressive Reaktion des NYYC kam für niemanden überraschend. Von dem Augenblick an, als die Kanne amerikanischen Boden verließ, war sonnenklar, daß ein Herausforderer mit dem rot-blauen Stander des NYYC vor Perth erscheinen mußte, um sie zurückzuerobern. Ebenso zweifelte niemand daran, daß diese Herausforderung eine der verbissensten, technisch fortschrittlichsten und bestorganisierten sein würde.

Während also in Australien die siegreich heimkehrenden Helden gefeiert wurden, analysierte man bereits in einem Gebäude der 44. Straße in New York die Gründe für die eigene Niederlage. Das Räderwerk begann sich zu drehen. Die Zusammensetzung des neuen Teams stand schon bald fest. Bill Langan von Sparkman & Stephens wurde Projektmanager, und seine Firma sollte auch die Planung koordinieren. John Kolius, der sich am Ruder der alten, modifizierten COURAGEOUS hervorgetan hatte, wurde Skipper, mit dem Kalifornier John Bertrand, dem Weltmeister im Finn, als Taktiker und zweitem Mann am Ruder. Man sicherte sich wichtige technische Berater von Applied Research Corporation, Offshore Technological Corporation, Naval Ship Research, von der NASA und M.I.T., dem Massachusetts Institute of Technology. Gleich zu Anfang fiel die Entscheidung, drei völlig neue Boote zu bauen und nicht irgendwelche alten Sparringspartner zu erwerben. Noch war die Regattabahn eine unbekannte Größe, doch würde sie sich mit Sicherheit stark vom Kurs in Newport unterscheiden, besonders in meteorologischer Hinsicht; deshalb wäre es sinnlos, wenn nicht gar kontraproduktiv gewesen, ein vorhandenes Boot dafür zurechtzuschneidern. So wurde das erste Testboot – AMERICA II/US-42 – gebaut und erhielt wegen seiner Modifizierbarkeit den Spitznamen „Lego". Ab November 1984 erprobte das Team damit verschiedene Kielvariationen in Australien. Später kamen zwei weitere Boote hinzu, AMERICA II/US-44 und AMERICA II/US-46. Es war das letztere Boot, im Mai 1986 zu Wasser gelassen, das am Start zur ersten Vorrunde der Herausforderer-Qualifikation in Fremantle erschien. Hinter der NYYC-Gruppe mit AMERICA II stehen etwa 30 „assoziierte" Yachtklubs und viele private Geldgeber, von denen die texanischen Ölmagnaten O.L. Pitts und Lee Smith, schon 1983 die Kampagne der Verteidiger DEFENDER und COURAGEOUS unterstützt hatten. Als Sponsoren kamen noch mehrere Firmen hinzu, darunter Amway, Cadillac und Newsweek. Die Beteiligung solcher Sponsoren ist ein neuer Aspekt der großen amerikanischen Herausforderung. Zuvor durften die Syndikate Geld nur von gemeinnützigen, steuerbegünstigten Stiftungen annehmen, die ihrerseits wieder bei Privatpersonen steuerabzugsfähige Spenden sammelten.

Blick aus dem Hubschrauber auf den Hafen von Fremantle. Er mußte erweitert werden, um Platz für die Zwölfer und ihren Troß zu schaffen.

Der neue Mann

Trotz der technischen und organisatorischen Anstrengungen der New Yorker Gruppe blieben ihr Krisen nicht erspart. Eine Zeitlang drohte sogar der Verlust eines der wichtigsten Team-Mitglieder: Skipper John Kolius fühlte sich von den „politischen" Bossen des Syndikats so unter Druck gesetzt, daß er im September 1985 seinen Rücktritt anbot.

Kolius ist ein Nonkonformist mit starkem Unabhängigkeitsdrang, deshalb war ein Krach mit der alten Garde des NYYC, des ehrwürdigsten Klubs an der US-Ostküste, fast unvermeidlich. Während des ganzen Verlaufs der amerikanischen Kampagne fragten sich skeptische Beobachter immer wieder, ob Kolius bis zum bitteren Ende durchhalten würde. Wie schwer ihm das tatsächlich fiel, verraten einige Bemerkungen, die ihm entschlüpft sind:

„Ich komme mir vor wie ein Jongleur mit zu vielen Bällen: der Organisation, dem Segeln, dem Klub und meiner Familie. Es gibt Augenblicke, da bin ich Techniker oder Steuermann, und andere, da muß ich eher Beichtvater oder Psychologe sein." Während der ersten Vorrunde klagte er: „Es gibt gewisse Leute im Klub, die möchten am liebsten deine ganze Persönlichkeit plattwalzen und nur eine leere Hülle übriglassen... Wenn ich es in diesem Augenblick schaffen würde, den Cup zu gewinnen – ich glaube, ich würde ihn nicht mehr für den NYYC verteidigen, selbst dann nicht, wenn ich kein Skipper mehr wäre, sondern Organisator. Lieber würde ich einer ausländischen Gruppe helfen, ihn dem NYYC wieder abzujagen."

Wie man sieht, fürchtet Kolius sich nicht zu sagen, was er denkt. Trotz des Schutzwalls, mit dem der NYYC ihn zu umgeben versuchte, hat er es immer wieder geschafft, zur Außenwelt Kontakt zu halten. Auch hat er bewiesen, daß er ein Meister darin ist, die Crew zusammenzuhalten und zu einer Einheit zusammenzuschweißen, die ihr Bestes gibt. „Ich mag nicht allein arbeiten, genausowenig wie ich gern allein segle", waren schon immer Kolius' Worte. „Was mich an der Sache reizt, ist die Aufgabe, so viele Leute auf Jahre hinaus bei der Stange zu halten. Denn das ist doch das Schwierigste von allem: zu erreichen, daß alle über so lange Zeit in die gleiche Richtung marschieren."

Trotz ihrer Managementprobleme hat die Gruppe um AMERICA II von allen Herausforderersyndikaten am längsten in Australien gearbeitet. In den drei Jahren vor den Ausscheidungsrennen ging sie nach einer Methode des schrittweisen Experimentierens vor, die es ihr laut Designer Bill Langan ermöglichte, „alle in Frage kommenden Lösungen durchzuprobieren. Unsere Einstellung war stets folgende: Sagten die Wissenschaftler, es könnte klappen, dann machten wir auch die Probe aufs Exempel – nicht im Modell, sondern in natura. Wir haben ausprobiert, umkonstruiert, verbessert und wieder probiert. Es gab Kämpfe und Kopfschmerzen, Fehlschläge, deren Gründe wir nicht finden konnten, aber das Team kam auf dem Weg zum Erfolg stetig voran, denn wir lernten eine Menge aus unseren Fehlern."

Die Herausforderung aus Kalifornien

Der zweite große amerikanische Favorit – neben dem New Yorker Team – ist Sail America, das unter den Farben des San Diego Yacht Club antritt. „Bist du bereit für Australien?" Mit einer ganzen Serie transkontinentaler Telefonanrufe

STARS & STRIPES '87 neben ihrem Tender BETSY. An Bord dieses Katamarans, der früher ozeanographischen Zwecken diente, hat das Sail-America-Syndikat einen Computerraum eingerichtet.

Eine KOOKABURRA des Taskforce-Syndikats bei der Rückkehr in ihre Box im Fischereihafen von Fremantle.

scharte der Verlierer von 1983, Dennis Conner, schon wenige Wochen nach dem letzten Rennen seine treuesten Crewmitglieder um sich. Alle – oder fast alle –, die geschworen hatten: „Ich? Nie wieder!" erklärten sich einverstanden, noch einmal von vorn anzufangen. Denn an jenem unvergeßlichen Montag, dem 20. September, waren viele von ihnen an Bord der LIBERTY gewesen, mit einem zutiefst verletzten Ego.

Seit dem Tag, an dem er seinen ersten Meistertitel in der Star-Klasse errang, bis zu dem Moment im Jahre 1986, als er STARS & STRIPES in der ersten Vorrunde über die Startlinie führte, hatte Dennis Conner seglerische Sternstunden erlebt, wie sie keinem amerikanischen Skipper vor ihm jemals zuteil geworden waren. Nach seinen beiden Erfahrungen mit MARINER und COURAGEOUS verteidigte Conner den America's Cup 1980 eisern entschlossen mit FREEDOM, nur um ihn 1983 mit LIBERTY ehrenhaft an die Australier zu verlieren.

Aufstieg nach der Niederlage

Von da an blieb er der Mann, der sich den Cup entwinden ließ. Dabei war er derselbe Conner, der zuvor den Charakter der Kampagnen grundlegend verändert, die Verteidigung des Cups zu einem „full time job" gemacht hatte. Die alten Zeiten, als die Crews noch aus Amateuren bestanden, hatte er endgültig zu Grabe getragen. Conner hatte neue Maßstäbe der Vorbereitung auf große Sportereignisse gesetzt und viele lange Tests sowie die Verwendung von Sparringspartnern zum neuen Standard erhoben.

An jenem 1. Oktober 1986 maß sich Conner zum ersten Mal unter gleichen Voraussetzungen mit seinen Gegnern, den anderen Herausforderern. Allerdings bestand ein kleiner Unterschied: Er hatte nicht mehr so viel zu verlieren wie 1983. Die Fehler, die damals zur Niederlage geführt hatten, waren mit aller Ruhe und Gründlichkeit analysiert worden. Damals vor Newport, am Start zum ersten Rennen gegen AUSTRALIA II, waren er und sein Team sich bewußt gewesen, daß sie es mit einem äußerst starken Gegner zu tun hatten, dessen Geheimwaffe ein revolutionärer Kiel war; die eiserne Entschlossenheit der Australier, etwas ganz Neues zu versuchen, hatte die Kielflügel hervorgebracht. Conner begriff, welch fataler Irrtum es zwischen 1980 und 1983 gewe-

Dramatischer Sonnenuntergang über Fremantle Harbour mit der für den australischen Frühling typischen Wolkenformation. Um diese Zeit kehren die 12-m-R-Yachten nach sechs bis acht Stunden Training an ihre Liegeplätze zurück.

Die Festung des Taskforce-Syndikats soll KOOKABURRA II und III schützen. Nur mit einem Sonderausweis gelangt man durch diese Tore.

Die Basis des Golden-Gate-Syndikats von oben. Man sieht deutlich die blaue Plane, unter welcher der St. Francis Yacht Club das radikalste Unterwasserschiff des America's Cup 87 verbirgt.

Blick auf den Liegeplatz des Sail-America-Teams von Dennis Conner, der seine Herausforderung durch den San Diego Yacht Club unterbreiten ließ. An Deck des Katamarans liegen Dutzende von Segeln zum Einsatz bereit.

Das Tor einer Box, das wie eine Zugbrücke funktioniert. Fast alle Teilnehmer am America's Cup 87 waren bestrebt, die Details ihrer Konstruktionen geheimzuhalten, und errichteten zu diesem Zweck die verschiedensten Barrieren und Sichtblenden.

sen war zu glauben, daß die Zwölferkonstruktion einen einsamen Gipfel erreicht hatte; daß sie nicht mehr verbessert werden konnte, weshalb sich Investitionen in Forschungsprogramme erübrigten; man mußte nur hart und lange genug mit einem guten, wenn auch nicht radikalen Boot trainieren und konnte sich ansonsten ganz auf interne Probleme konzentrieren. „Heute sagt es sich leicht, wir hätten die Arbeit der anderen besser beobachten sollen. Aber es fiel eben schwer, das Potential von AUSTRALIA II abzuschätzen, solange sie sich in Australien befand. Und die anderen Herausforderer verhielten sich genauso wie wir. Auch sie hätten sich informieren und es den Australiern nachtun können, aber keiner kam auf die Idee. Die Wahrheit ist doch, daß wir die Quittung bekamen für mangelnde Kreativität, für unser Unvermögen, die Zeichen der Zeit zu erkennen, in der wir leben . . ."

Ein Satzungsverstoß?

Während des hitzigen Streits über die Zulässigkeit des australischen Flügelkiels fühlte sich LIBERTYS Crew vom America's-Cup-Komitee nicht mutig und energisch genug vertreten. „Zweifellos war gegen den Geist der Satzung in irgendeiner Form verstoßen worden", behauptet John Marshall, der seit 1980 für Conner arbeitete und bei der 87er Herausforderung das Designteam koordinierte. „Es wäre naiv zu glauben, daß Lexcen den Kiel beim heutigen Stand der Technik im Alleingang, sozusagen in einem Vakuum, entwickelt haben könnte. Wäre auf einem anderen Gebiet ein ähnlicher Fortschritt erzielt worden, hätte jeder den Mut gehabt zuzugeben, daß hier ein wahrhaft internationales Team zum ersten Mal zusammengearbeitet und ein überlegenes Boot entwickelt hat. Aber im speziellen Fall des America's Cup müssen sich alle Bewerber der Satzungsregel unterwerfen, wonach die Boote auf ausschließlich nationaler Ebene zu entstehen haben, durch amerikanische Beiträge das amerikanische Boot und durch australische Beiträge das australische. Wenn also die Australier zugegeben hätten, daß Europäer bei ihrer Entwicklungsarbeit beteiligt gewesen wären, dann wäre das dem Eingeständnis eines grundlegenden Satzungsverstoßes gleichgekommen."

Nur wenige wissen, daß der NYYC den Pokal aufgrund dieser Regel von der Ausschreibung hätte zurückziehen kön-

Auch USA liegt in einem Gehege, das nur geöffnet wird, wenn das Boot ausläuft. Gut erkennbar der Portalkran mit seinem Heißstropp, der das Boot nach dem Segeln aus dem Wasser hebt.

nen. Tatsächlich fand am Abend vor dem letzten Rennen eine Abstimmung statt, bei der sich nur eine sehr knappe Mehrheit für die Durchführung des Finales aussprach. Dies war eines der Motive Conners, bei seiner neuen Kampagne nicht mehr mit dem NYYC zusammenzuarbeiten, wodurch der Weg frei wurde für Kolius und seine Truppe. Angesichts der Ursachen von Conners Niederlage leuchtet sofort ein, warum Sail America so besonderen Nachdruck auf Konstruktion und Forschung legte. „Von 1980 bis heute haben sich die Rennen um den America's Cup entscheidend verändert. Es zeigte sich, daß sie noch vor dem ersten Start gewonnen werden können", machte Conner geltend. „Wie die Dinge jetzt stehen, kann es unter gewissen Gesichtspunkten sogar noch spannender sein, daran teilzunehmen. Diesmal könnte die Rolle des Konstrukteurs sehr viel wichtiger werden als die des Skippers. Ich bin überzeugt, daß das ‚richtige' Boot den entscheidenden Unterschied bringt."

Folgerichtig engagierte Conner drei Konstrukteure für Sail America: Britton Chance, Bruce Nelson und Dave Pedrick. Die Koordination der Entwicklungsprogramme wurde John Marshall anvertraut, ehemals Präsident der Firmengruppe North Sails. Auf ihm ruhte die ganze Verantwortung für die Entwicklung eines Super-Zwölfers, der dazu imstande sein sollte, alle „offenen Rechnungen" zu begleichen.

Computer an Bord

Die Liste der von den Sail-America-Konstrukteuren verpflichteten Berater war sehr eindrucksvoll und enthielt Techniker und Wissenschaftler von Boeing, Grumman, der Science Application International Corporation und der Cray Research Group, die sich auf Supercomputer spezialisiert hat. Wie alle Syndikate mit starker finanzieller Unterstützung standen die Amerikaner vor dem Problem, sich eine neue Technologie zu erschaffen. Sie mußten ein verläßliches Instrumentarium entwickeln, das nicht nur zur Analyse, sondern auch zur Prognose fähig war. Diese Geräte würden zuerst die Testergebnisse der Modelle im Schlepptank interpretieren müssen und später dann die echten. So wurden für die Computer elektronische „Augen und Ohren" konstruiert, und sobald erst feststand, daß die auf diese Weise gewonnenen Werte verläßlich waren, wurden sie in allen folgenden Konstruktions- und Trimmstufen eingesetzt. In der Zahl der Neubauten ähnelten die Kampagnen von Sail America und America II einander (die des australischen KOOKABURRA-Syndikats war von gleichem Kaliber). Aber während die New Yorker Gruppe sich für den Bau eines Sparringspartners — AMERICA II/US-42 — und für die Arbeit vor Ort in Fremantle entschloß — überwiegend jedenfalls und während zweier Sommer —, begann Sail America mit LIBERTY als Bezugsgröße und modifizierte den Oldtimer SPIRIT OF AMERICA durch Anbau eines Flügelkiels à la AUSTRALIA II. Zusätzlich baute man drei nach Größe

Letzte Änderungen am Kiel von ITALIA II. Ingenieure von Aermacchi und Intermarine waren an diesem zweiten Neubau des Consorzio Italia beteiligt. ▼

und Konzept sehr unterschiedliche Boote: STARS & STRIPES '85, STARS & STRIPES '86 und STARS & STRIPES '87. Das Team arbeitete zehn Monate lang (von September 85 bis Juli 86) ununterbrochen in Honolulu auf Hawaii und richtete sich im Snug Harbour einen Stützpunkt ein. Die Wahl war auf Hawaii gefallen, weil äußerste Geheimhaltung geboten war und man neugierige Blicke meiden mußte. Außerdem konnten so – im Unterschied zu einem Transport der drei Boote von den USA nach Australien – viel Zeit und Geld gespart werden.

Obwohl Conner und sein Team keine großen „politischen" Schlachten schlagen mußten, standen sie bald vor ernsten wirtschaftlichen Problemen. Mehrmals mußte Conner sein Training unterbrechen und in höchsteigener Person an Veranstaltungen teilnehmen, die der Geldbeschaffung dienten. Das Sail-America-Team traf zwar erst Ende August 1986 in Fremantle ein, aber bis dahin hatten Conners Boote die America's-Cup-Bahn schon viele tausendmal abgefahren – jedenfalls in den zu Forschungszwecken benutzten Supercomputern. Um verläßliche Wetterdaten zu erhalten, hatte man sie mit den Fremantle-Werten der letzten zehn Jahre gefüttert, Wetterbeobachtungen, die vom dortigen Hafenamt stammten. Wie leicht vorhersehbar, kam dabei heraus, daß es in Fremantle im Durchschnitt windiger war als in Newport.

Zwei weitere amerikanische Syndikate wurden in Fremantle erwartet. Sie kamen von der US-Westküste, das eine aus San Francisco, das andere aus Newport Beach. Das Golden Gate Challenge hatte den St. Francis Yacht Club als Basis und wurde von Tom Blackaller geführt, einer bekannten Persönlichkeit in der amerikanischen Segelszene. Blackaller, ein Segelmacher und Autorennfahrer, ist für seine Spontaneität und Vitalität berühmt. Es wäre nicht falsch zu sagen, daß er eher musisch-künstlerisch als technisch-wissenschaftlich veranlagt ist.

1983 nahm Blackaller mit DEFENDER an den Ausscheidungsrennen der amerikanischen Verteidiger teil, wurde aber sowohl von Conner wie von Kolius geschlagen, der die viel ältere COURAGEOUS segelte. Vielleicht kann folgende Anekdote die verbissene Rivalität zwischen den amerikanischen Teams veranschaulichen; sie machte im Sommer 1986 die Runde:

Ein Geist warnt

Eines Abends ging es auf einer Sitzung des AMERICA-II-Direktoriums besonders heiß her. Danach wurden die Direktoren draußen von keinem geringeren erwartet als dem ersten Kommodore des New York Yacht Club, John C. Stevens († 1857), den es nicht mehr im Grabe hielt, zumal seine Familie Namensgeber des für seinen Schlepptank bekannten Stevens Institute of Hoboken war. „Meine Geduld ist am Ende", warnte der Geist. „Noch mehr Fehler lasse ich nicht zu. Ihr habt schon 1983 zu viele begangen. Wo ist der Kopf des Skippers, der an die Stelle des Cups in die Vitrine gehört hätte? Ich sehe ihn nicht! Und

Zwei Aufnahmen, welche die enormen Dimensionen der Zwölfer-Segel veranschaulichen: gegenüberliegende Seite links außen COURAGEOUS, unten STARS & STRIPES.

nicht nur das – ihr habt sogar zugelassen, daß Conner seine eigene Herausforderung startet! Rechnet nur nicht mit meiner Nachsicht, wenn ihr noch einmal geschlagen werdet, vielleicht sogar von den Kaliforniern! Wißt ihr wenigstens, daß dieser Franziskanerklüngel schon längst Modelle im Schlepptank testet, die hinten und vorn ein Ruder und statt des Kiels einen Torpedo haben? Wußtet ihr, daß sie diese Kombination schon an einem fertigen Boot auf See erproben?"

Nach verläßlicher Quelle soll diese Anekdote von einem jener berühmten Abende im St. Francis Yacht Club stammen, als Blackaller wieder einmal hoffnungsvoll neue Geldgeber hofierte. Sicher ist das nicht, aber auch nicht unmöglich.

Die modernsten Konstruktionen

Blackaller ist schon ein Unikum: extrovertiert und ein schauspielerisches Naturtalent. Ebenso einmalig ist der exzentrische Konstrukteur der Gruppe, Gary Mull. Doch gerade aus ihrem Nonkonformismus heraus haben sie mutig beschlossen, das radikalste und extremste Boot in Fremantle an den Start zu schicken. Dieses Boot namens USA (intern R 1 für "Revolution" genannt) sieht unter Wasser recht ungewöhnlich aus. Es hat zwei Ruderblätter, eines wie üblich achtern, das zweite separat vor dem Kiel, der praktisch nur aus einem torpedoförmigen Ballastkörper tief unten und einer Aufhängung von minimaler Lateralfläche besteht.

Denn nachdem Blackaller einen eher empirischen Zwölfer (intern E 1 für "Evolution" genannt) zu Wasser gelassen hatte, beschloß er, sich ernsthaft mit einem Vorschlag auseinanderzusetzen, der von Albert Calderon kam, einem Hauptberater der Gruppe. Calderon ist Fachmann auf dem Gebiet der Aerodynamik und Hydrodynamik. Er war am OV-10-Projekt der NASA beteiligt und an der Concorde- und Airbus-Entwicklung. Es könnte lohnen, meinte er, das Potential der Canard-Konfiguration auszuloten (Anm. d. Übers.: Begriff aus dem Flugzeugbau. Bei dieser bisher selten benutzten Anordnung befindet sich die Höhensteuerfläche *vor* der Tragfläche, dadurch ähnelt das Flugbild dem einer Ente = frz. canard). "Als Calderon mit solchem Nachdruck dafür eintrat, hatte ich noch starke Zweifel", erzählt Blackaller. "Doch als mich innerhalb der nächsten Stunden unabhängig voneinander die beiden anderen Bera-

Plastikblenden, wohin man blickt: Hier WHITE CRUSADER *in ihrer Verkleidung, wie sie seit Newport üblich geworden ist.*

Der seltsame Kiel, mit dem COURAGEOUS *in Fremantle auffiel. Er wurde von Leonard Greene entworfen, der gleichzeitig Vorsitzender des Syndikats war.*

CHALLENGE FRANCE *mit einer weiteren Version des Flügelkiels, durch den Ben Lexcen berühmt wurde.*

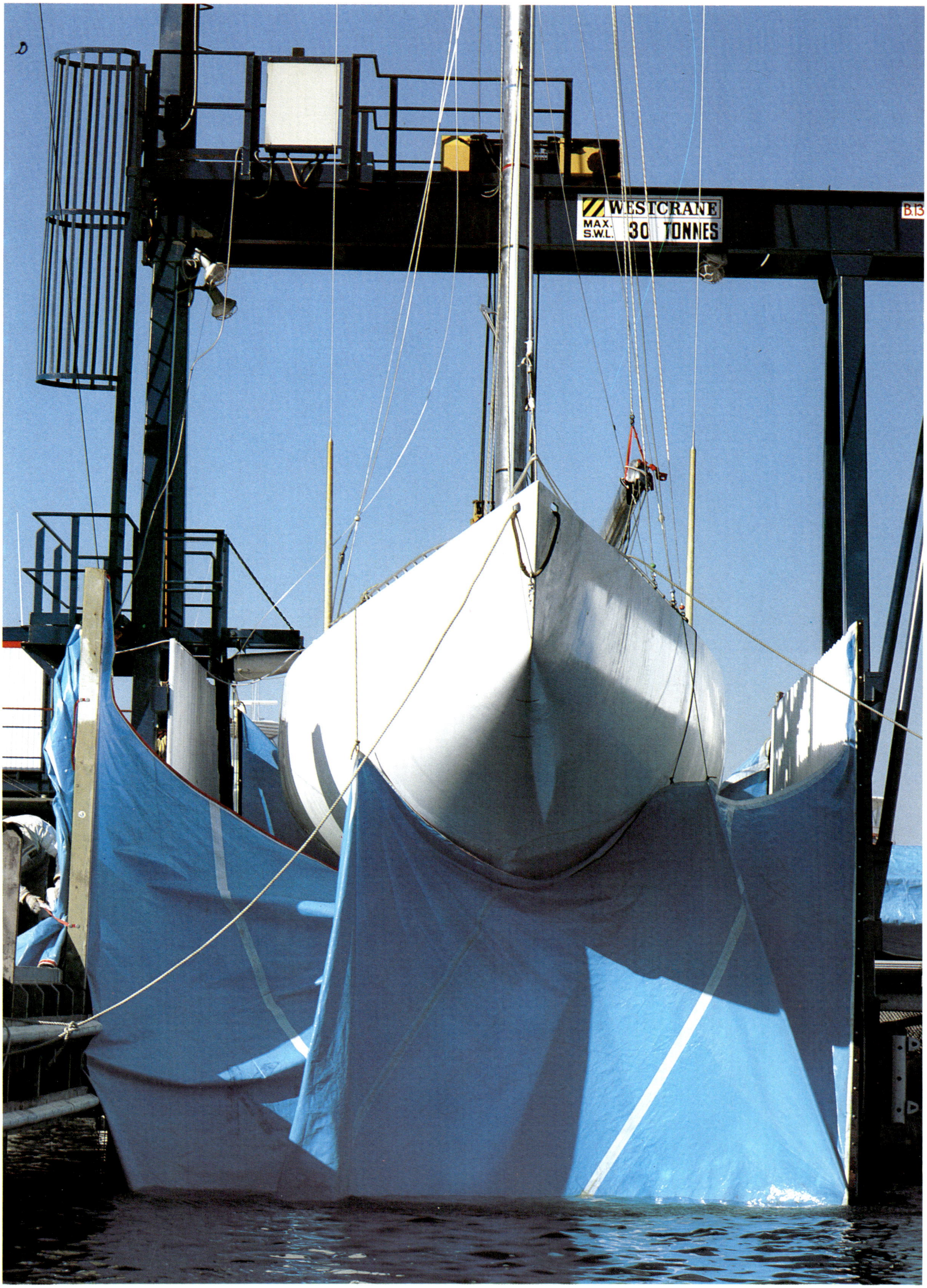
WESTCRANE
MAX. S.W.L. 30 TONNES

Der Texaner John Kolius wurde vom New York Yacht Club zum Skipper von AMERICA II bestellt. 1983 errang er in Newport durch seine Teilnahme mit der alten, modifizierten COURAGEOUS großes persönliches Ansehen.

ter anriefen, Gary Mull und Heiner Meldner, unser Computerexperte, zögerte ich nicht länger. Denn jeder von ihnen behauptete, die Idee sei auf *seinem* Mist gewachsen. Also mußte sie einen Versuch wert sein."

Damit hatte die Zwölferszene wieder einen neuen Begriff aus der Aerodynamik übernommen — dank der Männer vom Golden-Gate-Syndikat. Nun sprechen wir nicht nur vom „Flügelkiel", sondern auch vom „Canard-Ruder". Laut Dave Pedrick, einem der Konstrukteure von STARS & STRIPES, könnte es eine große Zukunft haben. Yachtkonstrukteuren, allen voran den Designern des Sail-America-Syndikats, war das Canard- oder Vorflügel-Prinzip nicht ganz neu, denn viele Teams hatten es bereits erwogen und getestet. Conners Gruppe ging sogar so weit, eine Soling damit auszurüsten, mußte aber aufgeben, weil das Canard-Ruder schwierig zu optimieren war.

Das dritte kalifornische Syndikat hatte seine Basis in Newport Harbor, einige Meilen südlich von Los Angeles. Seine Initiatoren waren u. a. Bill Ficker (der 1970 auf COLUMBIA und INTREPID dabei und dann Berater bei Marcel Bich gewesen war) und Gerry Driscoll. Rod Davis wurde zum Skipper bestellt. Davis ist ein Match-Racing-Spezialist, der mehrmals den Congressional Cup gewonnen und schon an einigen America's-Cup-Kampagnen teilgenommen hatte, allerdings nur als Crewmitglied. Mit 15 Jahren Newport-Erfahrung auf dem Buckel kannte Davis ziemlich alle Funktionen, vom Vordeckmann bis zum Segeltrimmer. Daneben segelte er weiterhin in olympischen Klassen. Bei der Olympiade in Los Angeles gehörte er zu Robbie Haines' Team und gewann Gold im Soling. Haines arbeitete inzwischen für Conner.

Seine Welt: die Zwölfer

Das EAGLE-Syndikat berief Johan Valentijn zu seinem Konstruktionschef. Valentijn hatte bereits einen Großteil seiner Karriere der Konstruktion von 12-m-Yachten gewidmet. Er war Lehrling bei Sparkman & Stephens gewesen und in Australien Ben Lexcens Assistent (damals hieß Lexcen noch Miller). Später beriet er Baron Bich und ging schließlich in die USA, wo er sich einbürgern ließ und für Dennis Conner zu arbeiten begann. 1981 wurde er Projektmanager der zweiten FREEDOM-Kampagne und entwarf gleichzeitig MAGIC. Nachdem Olin Stephens und Bill Langan ausblendeten, konstruierte er außerdem LIBERTY.

Johan gehörte zu den vielen Amerikanern, die von der Idee der „offenen Rechnung" besessen waren. Obwohl sich Conner um ihn bemühte, wollte er mit einer neuen Gruppe, von der er sich mehr persönliche Freiheit versprach, ganz von vorn beginnen. Doch zog er leider nicht in Betracht, welche Verzögerungen und Einschränkungen bei solch einer Kampagne ein begrenztes Budget mit sich bringt.

Sein Syndikat konnte nur einen einzigen Neubau finanzieren, die im Frühjahr 1986 zu Wasser gebrachte EAGLE. Sie wurde mit der alten, modifizierten MAGIC als Trimmpartnerin getestet und erreichte Fremantle mitten in einer Managementkrise und bei einem auf das äußerste Minimum reduzierten Etat. Die Yacht, die mit ihrem auf beide Bordseiten gemalten schwungvollen Adler wunderschön aussah, lief jedoch nicht so schnell wie erwartet. Offenbar hatte Valentijn versucht, die Formel zu sehr auszuknautschen, und zwar in Richtung auf eine kurze Wasserlinie.

AMERICA II/US 42 wurde als erste der neuen Herausforderinnen fertig und konnte deshalb schon zwischen November 84 und März 85 auf der Regattabahn vor Fremantle getestet werden.

Die Yacht im Weizenfeld

Auch das unter der Ägide des Chicago Yacht Club gebildete Syndikat für HEART OF AMERICA wurde in Fremantle mit Problemen konfrontiert. Sein Poster, das einen mitten durch ein Weizenfeld segelnden Zwölfer zeigt, war zwar auf Anhieb ein Erfolg und machte weltweit Schlagzeilen. Aber die Probleme dieses Syndikats waren nicht weniger ernst als die von EAGLE. David Becks Werbegraphik sollte einer der besten Einfälle der Gruppe bleiben und wurde überall abgedruckt. Doch für seine Auftraggeber rächten sich die Verzögerungen, die am Anfang entstanden waren, und der gravierende Mangel an einschlägiger Erfahrung im Team. Selbst ein Meistersegler wie Skipper Buddy Melges konnte wenig daran ändern, da dies seine erste America's-Cup-Kampagne war. Melges ist ein sehr umgänglicher Mensch, der die Leute mit seinen naiven Witzchen durchaus für sich einnehmen kann, doch auf dem Regattakurs wirkt er sehr sarkastisch. Seine Seglerkarriere in olympischen Klassen wie Soling und Star ist lang und eindrucksvoll.

HEART OF AMERICA, das einzige Boot des Syndikats, hatte seinen Stapellauf im Mai 1986 und traf erst im September auf dem australischen Schlachtfeld ein. Die Konstruktion von Scott Graham und Eric Schlageter mußte mehrmals entscheidend modifiziert werden, zunächst im Rumpf- und dann im Kielbereich.

Die alte Garde

Unter einem noch schlechteren Stern stand das COURAGEOUS-Syndikat. Exponent dieser Herausforderung war eine der berühmtesten Yachten in der Zwölfergeschichte, die von Olin Stephens 1973 entworfene COURAGEOUS. Sie war der erste Zwölferbau aus Aluminium. Sowohl 1974 wie 1977 verteidigte sie erfolgreich den Cup, und 1980 erreichte sie unter Ted Turner und 1983 unter John Kolius die Ausscheidungsregatten der Verteidigerinnen. Sie war vor allem im Kielbereich unzählige Male modifiziert worden (daher die Bezifferung von II bis IV). In ihrer jüngsten Gestalt, entworfen von Roger Marshall (S & S) und Leonard Greene (Safeflite), kam sie schließlich in Australien an, wo sie die Herausforderung im Namen des Yale Corinthian Yacht Club vortrug. Der Klub wäre niemals imstande gewesen, die Mittel für einen Neubau aufzubringen.
Alle vier amerikanischen Syndikate, die schließlich zur Herausforderer-Qualifikation in Fremantle erschienen, hatten finanzielle Probleme. Ebenso erging es vier weiteren Gruppen, die es nur bis zur formellen Abgabe einer Herausforderung, aber nicht bis zur Teilnahme an den Vorrunden schafften. Angesichts dieser Tatsachen wird verständlich, mit welch großer Erleichterung die Entscheidung der International Yacht Racing Union (IYRU) begrüßt wurde, daß künftig Sponsoren zugelassen werden. Damit steht fest, daß beim nächsten Ringen um den America's Cup die Yachten mit den klassischen oder leit-

Dennis Conner, Skipper des San-Diego-Syndikats, mit seinem bewährten Taktiker Tom Whidden. 1980 hatten die beiden mit FREEDOM den Cup erfolgreich verteidigt, ihn aber 1983 mit LIBERTY an Australien verloren.

STARS & STRIPES '87 war der fünfte Zwölfer, mit dem Dennis Conner und sein Team für Australien arbeiteten. Er wurde im Juli 1986 in Honolulu zu Wasser gelassen und nur wenige Wochen vor Beginn der Herausforderer-Qualifikationen nach Fremantle gebracht.

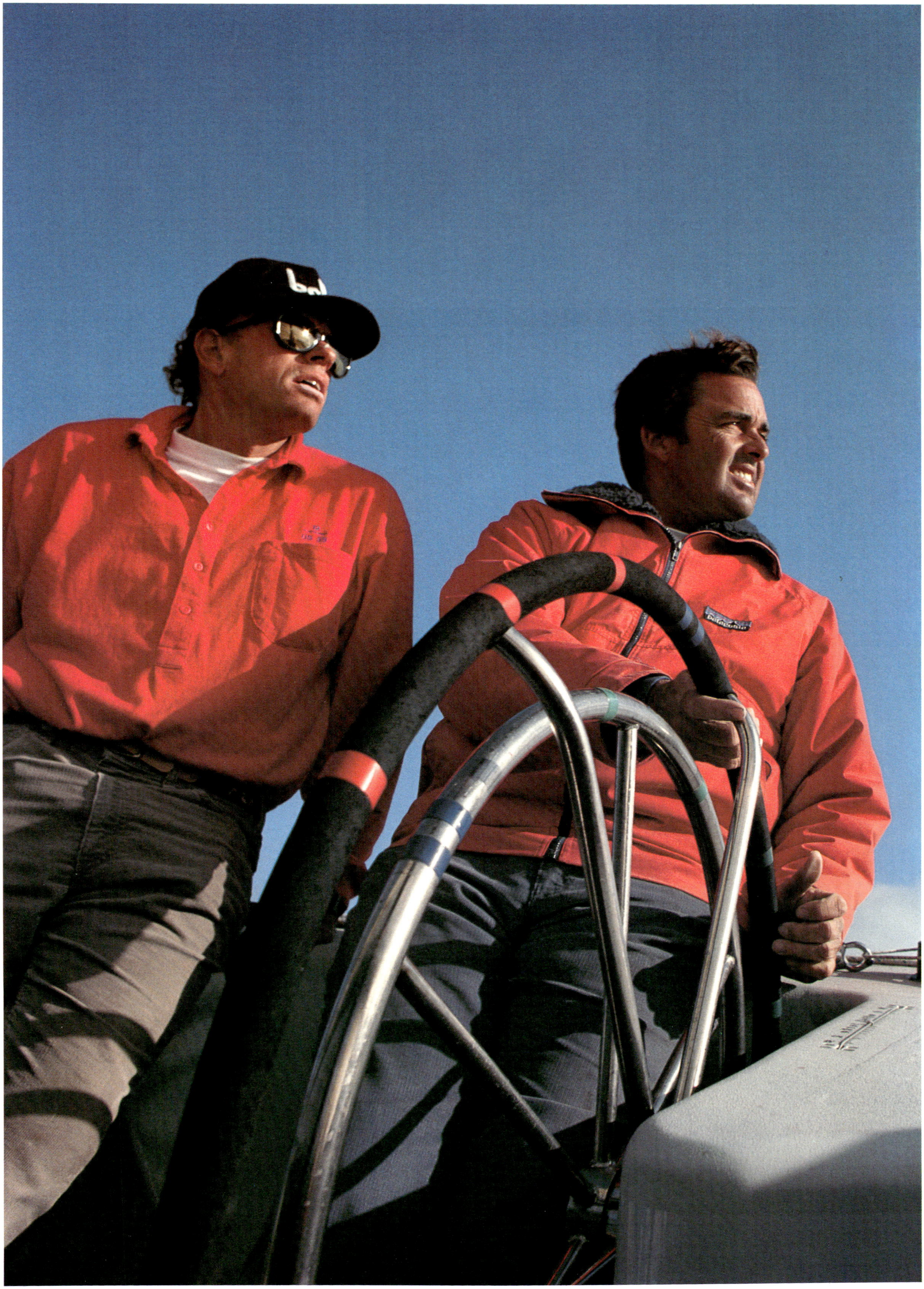

Tom Blackaller, der extrovertierte Skipper des Golden-Gate Syndikats, ist ein ebenso begeisterter Segler wie Autorennfahrer. Er gilt als Dennis Conners Erzrivale.

USA ist der zweite Neubau des St. Francis Yacht Club und gilt als innovativstes Boot dieser ersten America's-Cup-Regattaserie in Australien.

motivischen Namen in der Minderheit, die mit kommerziellen Markennamen in der Mehrheit sein werden.

Das kanadische Geheimnis

Im Rausch des Cup-Fiebers, ausgelöst durch den Sieg von AUSTRALIA II, konstituierten sich auch zwei kanadische Syndikate, die je eine Herausforderin präsentierten. Doch hatten auch sie große Sorgen mit der Konsolidierung ihrer Budgets. Die erste Herausforderung kam von der Royal Nova Scotia Yacht Squadron, die zweite vom Secret Cove Yacht Club. Damit sollte im ersten Fall die Wirtschaftskraft der kanadischen Ostküste, im zweiten die der Westküste demonstriert werden. Doch mußten beide Gruppen am Ende fusionieren, wenn Kanada überhaupt in Fremantle vertreten sein sollte. Der Haken war nur, daß diese Vereinigung erst wenige Monate vor Beginn der Vorausscheidungen (auch „Round Robins" genannt, nach einer Bittschrift mit kreisförmig angeordneten Unterschriften – Anm. d. Übers.) wirksam wurde. Die Kanadier waren sogar gezwungen, mit CANADA II in die Ausscheidungen zu gehen, einem Boot, das schon an den Cupregatten von 1983 teilgenommen hatte und danach vom Secret-Cove-Team radikal verändert worden war, weil es als Sparringspartner benutzt werden sollte. Immerhin hatte das TRUE-NORTH-Syndikat, dessen führender Kopf der bekannte Industrielle und IOR-Regattafan Don Green war, einen Neubau vom Stapel lassen können. Die Konstruktion hatte Steve Kellin koordiniert, nach Testergebnissen im Schlepptank der Offshore Technology Corporation von Escondido in Kalifornien. Hier hatten auch drei amerikanische Syndikate ihre Neubaumodelle testen lassen.

Mit Terry McLaughlin als Skipper nahm TRUE NORTH im Februar 1986 an den Zwölfer-Weltmeisterschaften in Fremantle teil. Sie enttäuschte die Erwartungen, was zum Rücktritt von Taktiker Hans Fogh führte, Segelmacher und eine der Schlüsselfiguren im kanadischen Segelsport.

So hatte im Frühjahr 1986 eines der beiden kanadischen Konsortien eine perfekt ausgerüstete Basis und ein gutes Team in Australien, das andere aber besaß nur ein altes, umgebautes Boot. Schließlich konnte einer der Finanziers, Paul Phelan, die beiden Syndikate zur Fusion zwingen. Unglücklicherweise blieb nun aber keine Zeit mehr, einen Neubau auf Kiel zu legen, der in Fremantle noch eine wichtige Rolle hätte spielen können.

So mußten die Kanadier in Australien mit einem Boot antreten, das 1982 von Bruce Kirby entworfen worden war, dem Vater der Laser-Jolle. Trotzdem will Kirby seine Konstruktion nicht als „alt" bezeichnet wissen. „CANADA II ist ein ganz anderes Boot als das, welches in Newport segelte", behauptet er. „Wir haben so entscheidende und radikale Änderungen vorgenommen, daß vom ursprünglichen Rumpf kaum was übrigblieb. Meine Modifikationen beruhen zwar auf Intuition, aber dann wurden meine frühesten Ideen im Schlepptank bestätigt; der erste von mir gezeichnete Kiel erwies sich als der beste." Im November 1986 ging in Fremantle das Gerücht um, wonach Kirby einen Sonderpreis als einer der Investoren bekommen solle, die mit dem niedrigsten Einsatz die höchsten Resultate erzielt hätten. Denn die Überraschung war groß, als CANADA II mit dem jungen, vielversprechenden Skipper Terry Neilson am Ruder die Stirn hatte, unter bestimmten Bedingungen schneller zu segeln als AMERICA II, STARS & STRIPES und FRENCH KISS – alles Schiffe, die erst nach jahrelanger Entwicklungsarbeit entstanden waren.

Italienische Herausforderung

Während also die nordamerikanischen Syndikate bei ihren Vorbereitungen und Qualifikationsrennen durch konkrete finanzielle Probleme behindert wurden, schien Italien, eines der in Fremantle vertretenen Länder mit der jüngsten Cup-Tradition, die Zauberformel gefunden zu haben, mit der sich die Türen zu den Chefetagen der wichtigsten Industriemagnaten öffnen ließen. Zwar stimmt es, daß die Vorstellung, die AZZURRA 1983 in Newport gab, vor allem ihr Image und weniger ihre sportlichen Erfolge hell erstrahlen ließ, doch schien das den Italienern nicht viel auszumachen. Obwohl Italiens erster Zwölfer sich nur eine Position erkämpfen konnte, die selbst Wohlmeinende als „erste unter den letzten" bezeichneten, standen die Zeiger weiterhin auf volle Fahrt voraus – und das mit *gusto!*

Die Ereignisse um den America's Cup 1983 lösten in Italien soviel Interesse und Zustimmung aus, daß der Royal Perth Yacht Club bis zum Ablauf der Anmeldefrist vier italienische Herausforderungen für 1987 erhielt. Dies wurde allseits mit Überraschung quittiert, und natürlich fragten sich viele skeptisch, ob Italien wirklich genug hochrangige Spezialisten aufbieten könne. Denn es galt ja nicht nur, vier neue und völlig andere 12-m-R-Yachten zu entwerfen und zu bauen, sondern sie auch mit einiger Aussicht auf Erfolg zu segeln. Selbst als sich die Zahl der Herausforderer auf zwei halbiert hatte – das Consorzio ITALIA und das Consorzio AZZURRA –, schien es immer noch so, daß der italienische Ehrgeiz die seglerischen Reserven des Landes bis an die äußerste Grenze strapazieren würde. Dennoch – die beiden am America's Cup 87 teilnehmenden italienischen Syndikate waren finanziell gut gepolstert und hatten großzügige Budgets zur Verfügung, lange bevor der erste Zwölfer Wasser zu schmecken bekam. Die Welt des America's Cup hatte Promotion und Werbung ein neues Feld eröffnet und Sponsoren aus den verschiedensten Marktbereichen angelockt, die nun Mitglieder in den exklusivsten Klubs werden konnten. Zwei mächtige und geachtete Größen der italienischen Wirtschaft, Giovanni Agnelli (FIAT) und der Aga Khan (Costa Smeralda und Ciga-Hotels), hatten 1983 schon der ersten AZZURRA eine beträchtliche Finanzspritze gegeben und prompt etwa zehn andere Firmen für die Sache Italiens gewonnen. Nachdem AZZURRAS „Image" so gut angekom-

Der Kalifornier Rod Davis am Ruder von EAGLE, dem Johan-Valentijn-Entwurf für den Herausforderer Newport Beach. Zusammen mit Robby Heines hatte Davis 1984 eine Goldmedaille im Soling gewonnen.

HEART OF AMERICA ist das Boot des Chicago Yacht Club. Skipper Buddy Melges nimmt zum ersten Mal am America's-Cup-Spektakel teil.

Aldo Migliaccio (oben) und Tommaso Chieffi, ITALIAS Skipper und Steuermann, bei den Vorrunden in Fremantle. ITALIA I ist die Herausforderin, mit der der Yacht Club Italiano antrat.

men war, fiel es nicht schwer, Gönner zu finden, die auf Joint-venture-Basis die Kosten einer ungemein komplizierten Kampagne zu tragen bereit waren. Diesmal konnte man ja auch gewisse grundlegende Erfahrungen kapitalisieren.

Das zweite Syndikat – das Consorzio ITALIA des Yacht Club Italiano – entsproß dem Enthusiasmus einer Finanzgruppe, die AZZURRAS Erfolg in Newport sehr aufmerksam beobachtet hatte. So entbrannte in Italien ein neuer Zwiespalt zwischen Guelfen und Ghibellinen (jahrhundertealter Parteienstreit zwischen Papst- und Kaiseranhängern – Anm. d. Übers.), nur waren die Protagonisten diesmal Schlüsselfiguren der italienischen Fertigungsindustrie. Ihr Interesse galt mehr der Promotion ihres jeweiligen Warenzeichens als einem unmittelbaren kommerziellen Gewinn.

Die Rolle der Hochfinanz

Nur wenige rechneten damit, daß ausgerechnet ITALIA an erster Stelle die Ehre des Landes in Fremantle verteidigen würde, denn AZZURRAS Kampagne war unter der größeren Masseneupho-

rie gestartet worden. Doch da es bei ihr an der angemessenen technischen Planung mangelte, war sie leider dazu verurteilt, in den sportlichen Resultaten weit hinter der gewaltigen Anstrengung ihrer Finanziers zurückzubleiben.
AZZURRAS Herausforderung ging wieder über den Yacht Club Costa Smeralda ein. Wegen der allgemeinen Sympathie, die sie sich in Newport erworben hatte, wurde sie zum „Challenger of Record" bestimmt und damit zum Organisator der Herausforderer-Qualifikation. Im Lauf der Zeit kam es zu vielen sensationellen Zwischenfällen und Machtkämp-

ITALIA – hier bei rauhen Bedingungen vor Fremantle – ist der Entwurf eines Technikerteams, ausgeführt unter der Leitung von Giorgetti & Magrini.

Ein energischer Mauro Pelaschier am Ruder von AZZURRA III, der Herausforderin des Konsortiums, das unter den Farben des Yacht Club Costa Smeralda kämpfte.

AZZURRA III heißt der zweite der drei Zwölfer, die Italien für den America's Cup 87 auf Kiel legte. Erst nach erbittertem Streit im Management des Syndikats fiel die Wahl auf ihn.

fen innerhalb der Crew und des Technikerlagers. Dies verbesserte nicht gerade die Effizienz der Vorbereitungsphase. Cino Ricci, der die Männer in Newport als Organisator und Skipper so erfolgreich geführt hatte, schaffte es nicht, Berater und Zuarbeiter um sich zu sammeln, die mit den 1983 erworbenen Pfunden zu wuchern verstanden. Vor allem versäumten sie es, aus der Lektion zu lernen, die AUSTRALIA II der Welt in Konstruktionsmethodik erteilt hatte.

Streitereien und Kompromisse lösten einander in schneller Folge ab. Obwohl drei Neubauten verwirklicht werden konnten – AZZURRA II und AZZURRA III, entworfen von dem römischen Konstruktionsbüro Vallicelli, und AZZURRA IV von Sciomachen in Bologna –, ging das Team nach einer zermürbenden Trainingsphase in die Ausscheidungen und war – vorsichtig ausgedrückt – schlecht vorbereitet. Seine Verfassung ließ so viel zu wünschen übrig, daß sogar Skipper Mauro Pelaschier – Gewinner des Eintonnerpokals 1983 – klagte: „Hier läuft nichts, wie es sollte . . . Ganz abgesehen von unserem Ehrgeiz müssen wir erst einmal wettbewerbsfähig werden – zumindest ein bißchen."

Traditionen und Innovationen

So kam es, daß der Yacht Club Italiano in Fremantle den Respekt errang, den sich AZZURRA seinerzeit in Newport erworben hatte. Das verdankte er hauptsächlich einer effektiveren Entwurfstrategie, die rechtzeitig verwirklicht und vom Studio Giorgetti & Magrini aus Mailand koordiniert wurde. Auch Techniker von Aermacchi und Intermarine gehörten dem Konstruktionsteam an, das zwei Boote entwarf: ITALIA I und ITALIA II. Das erste war eine eher konservative Weiterentwicklung der australischen Innovationen und eine Konsequenz aus der Erfahrung, die Howlett mit VICTORY '83 gemacht hatte, nun Sparringspartner für ITALIA. Der zweite Zwölfer war entschieden radikaler angelegt. Unglücklicherweise konnte nur ITALIA I gründlich getestet werden, denn ITALIA II mußte nach einem Unfall im Frühsommer 86 teilweise neu aufgebaut werden,

CHALLENGE FRANCE ist die Herausforderin, die Yves Pajot für die Société Nautique de Marseille nach Australien brachte. Sie wurde von Aerospatiale nach einem Entwurf von Daniel Andrieu gebaut.

CANADA II entstammt dem Reißbrett von Bruce Kirby, entstand 1983 und erschien stark modifiziert in Fremantle. In Vergleichswettfahrten hatte sie die jüngere, aber langsamere TRUE NORTH aus dem Feld geschlagen.

Harold Cudmore ist einer der bekanntesten Namen in der englischen Yachtszene und ein Experte im Match-Racing. An der Herausforderung des Royal Thames Yacht Club ist er nicht nur sportlich, sondern auch finanziell beteiligt.

was sechs Wochen dauerte. Unmittelbar nach dem Taufakt hatte der Kran versagt und das Boot in sechs Meter tiefem Wasser versenkt. Gut lief jedoch der sportliche Teil der Vorbereitungen unter Skipper Aldo Migliaccio und Steuermann Tommaso Chieffi. Für beide war es das Debüt in der Zwölferszene; immerhin hatte Chieffi 1985 die Weltmeisterschaft der 470er gewonnen.

Das Duell der Brüder Pajot

Auch die Franzosen waren überzeugt, daß nach dem Sieg von AUSTRALIA II „alles offen" war. Nachdem sie sich viele Jahre lang vor allem mit den futuristisch anmutenden Booten des „course spectacle", meist mit Mehrrumpfbooten, beschäftigt hatten, wandten sich deshalb viele wieder mit Eifer einer Klasse zu, die von anderen bereits als veraltet und steril abgeschrieben worden war. Doch diese gravitätischen, etwa 20 m langen legendären Zwölfer, um die sich so viele Mythen des Segelsports ranken, sind immer wieder für eine Überraschung gut. Nach Baron Bich und Yves Rousset Rouard, Protagonisten des letzten America's Cup, verfielen diesmal die beiden Brüder Marc und Yves Pajot seinem Zauber. Marc ist ein harter Segler und erprobter Navigator, Sieger der Route du Rhum 1982 und Skipper des Katamarans ELF AQUITAINE. Yves dagegen, Skipper der DIVA, die bestes Einzelboot der Admiral's-Cup-Regatten von 1983 wurde und Sieger in vielen anderen IOR-Wettkämpfen, ist ein etwas unkonventionellerer Segler von Weltklasseformat.

Diese beiden Brüder mit ähnlich erfolgreicher Vergangenheit konkurrierten jetzt um den America's Cup in zwei verschiedenen Syndikaten, Marc für die Société des Regates Rochelaises, und Yves für die Société Nautique de Marseille. Marc, dessen Name dank seiner Erfolge in Transatlantikregatten bekannter ist als der seines älteren Bruders, konnte die Budgetprobleme schneller bewältigen, denn es gelang ihm, die Firmengruppe Kis als Sponsor zu gewinnen. „Die finanzielle Absicherung unserer Kampagne war kompliziert", gestand er, „und verlangte viel Überredung. Den Franzosen sind eben nur Multihulls ein Begriff. Trotzdem bin ich überzeugt davon, daß der America's Cup enorme Beachtung finden wird, auch wenn das seine Zeit braucht... Ein Problem allerdings ist nur schwer aus der Welt zu schaffen: Die breite Öffentlichkeit vermag einfach nicht zu begreifen, warum eine Beteiligung am America's Cup solch immense Summen erfordert."

Man könnte behaupten, daß das Kiss-Syndikat durch Verzicht auf Schlepptankversuche Geld sparte, weil das von Philippe Briand geleitete Konstruktionsteam seinen Entwurf in 11 000 Arbeitsstunden mit Unterstützung des Aerospace-Supercomputers der Flugzeugwerke Dassault erstellte. Das so entwickelte Boot zeigte schon 1986 bei den Weltmeisterschaften der Zwölfer trotz seiner eigenwilligen Auslegung der Formel vielbestaunte Leistungen.

WHITE CRUSADER bei einer Trimmfahrt vor der Küste Westaustraliens. Ihr Entwurf stammt von VICTORY-Konstrukteur Ian Howlett.

Nächste Doppelseite: FRENCH KISS, deren ▶
Name Englischkennern gelegentlich zweideutige Bemerkungen entlockt, beeindruckte 1986 bei der Weltmeisterschaft der Zwölfer mit ihrem Potential und ihrer ausgefallenen Konstruktion.

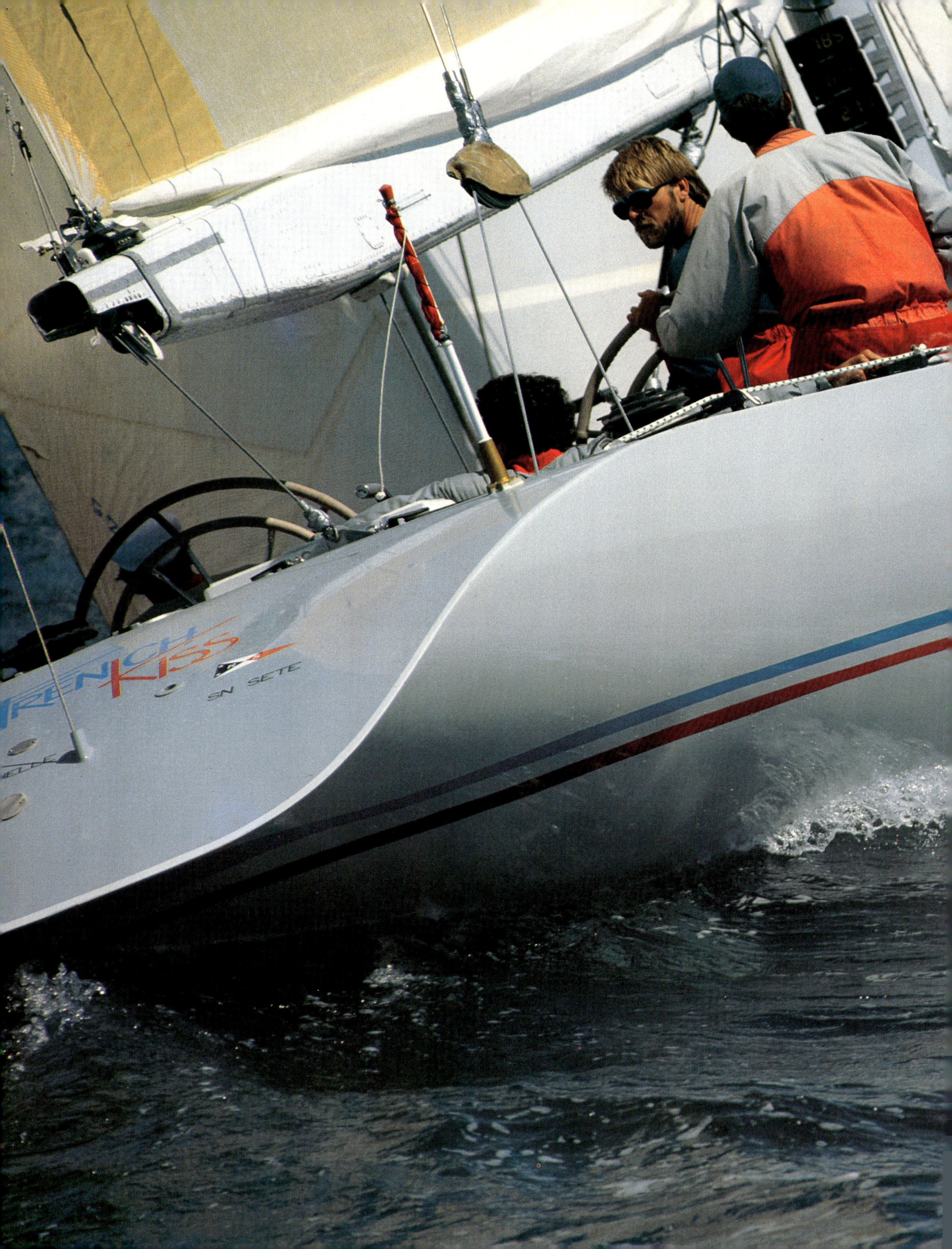
SN SETE

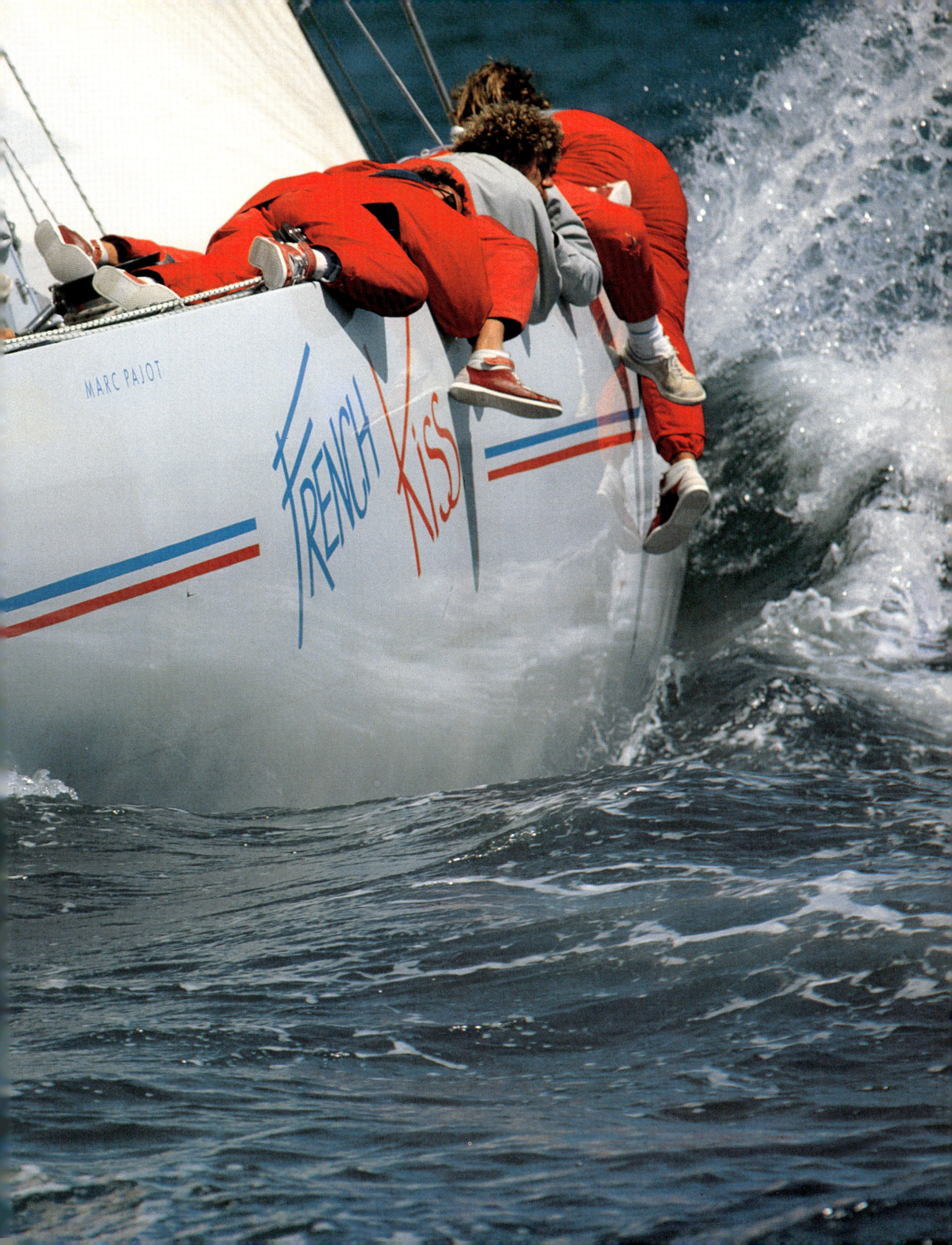
MARC PAJOT
FRENCH KISS

Chris Dickson, der junge Skipper aus Neuseeland, geht in seine erste America's-Cup-Kampagne mit der Autorität und Selbstsicherheit eines erfahrenen Champions.

FRENCH KISS war ein schlagender Beweis für die Richtigkeit der These, die sein junger Konstrukteur Briand wie folgt formulierte: „In Frankreich haben wir uns noch nie gescheut, neue Ideen auszuprobieren. Viele sogenannte Neuerungen im nautischen Bereich sind in der Aerodynamik alte Hüte. Es ist nur schwer zu begreifen, warum alles, was im Wasser schwimmt, der Fliegerei so weit hinterherhinkt. Deshalb haben wir uns zu einem rein mathematischen Ansatz entschlossen, ohne Modelltests im Schlepptank. Wegen der unterschiedlichen Maßstäbe sind die Ergebnisse solcher Tankversuche immer sehr schwierig zu interpretieren. Das Boot läßt sich zwar zum Modell verkleinern, nicht aber analog dazu das erzeugte Wellenbild. Es ist inzwischen allgemein bekannt, daß solche Tanktests für gewisse Rumpfformen günstiger ausgehen, während sie bei ausgefalleneren Formen weniger aussagekräftig sind. Dadurch riskiert man, daß eine Version verworfen wird, die sich bei Tests im Maßstab 1:1 vielleicht als brauchbar erwiesen hätte. Da wir nun einmal ausgefallene Ideen verwirklichen wollten, mußten wir auch ausgefallene analytische Methoden übernehmen, die ursprünglich für die Anwendung in der Aerodynamik entwickelt wurden."

Wie groß das Interesse an FRENCH KISS wirklich war, erfuhren alle jene Fotografen, die sie bei ihrem Debüt bei den Weltmeisterschaften in Fremantle aufgenommen hatten. Die Techniker der anderen Syndikate standen bei ihnen nach Vergrößerungen von FRENCH KISS Schlange.

Yves Pajot machte schlechtere und nicht so kreative Erfahrungen wie sein Bruder. In den ersten beiden Jahren litt er unter ernsten finanziellen Problemen, während Marc Pajot sein Boot schon testete und fleißig in Sète trainierte. Yves' CHALLENGE FRANCE, von Daniel Andrieu gezeichnet, ging erst wenige Wochen vor Beginn der Herausforderer-Qualifikation zu Wasser. Die Marseiller Gruppe war nach ihrem finanziellen Zusammenbruch im Sommer 86 von Grundig (France) als Hauptsponsor und anderen Geldgebern wie Aerospatiale, Matra und der französischen Fluglinie UTA gerettet worden. Unglücklicherweise sind die gewaltigen Kosten einer America's-Cup-Kampagne selbst für Leute mit viel Talent und großer Opferbereitschaft oft ein unüberwindbares Hindernis. Ohne ein solides, mit viel Zeitreserve gesichertes Budget stellt sich auch kein noch so kleiner Erfolg ein.

NEW ZEALAND *(auch* KIWI MAGIC *genannt) mit der Segelnummer KZ 7 ist die jüngste der drei 12-m-R-Yachten, die bisher in GFK gebaut wurden. Ihr Entwurf stammt von Laurie Davidson, Bruce Farr und Ron Holland.*

Zeugen der Geschichte

Die Briten – auf diesem Gebiet aktiv, seit man große Yachtrennen zu segeln begann und von 1851 bis heute besonders hartnäckige Bewerber um den Cup – ließen ihre 19. Herausforderung über den Royal Thames Yacht Club vortragen. Ihre Kampagne lief äußerst diskret ab, wie es sich für einen Yachtklub geziemt, dessen Kommodore Seine Königliche Hoheit, der Prince of Wales ist. So wurde auch der erste der beiden neugebauten Zwölfer des britischen Syndikats von Prinzessin Diana getauft. Dies blieb jedoch der einzige Anflug von Highlife bei der britischen Herausforderung, die stark von Technologie und Sponsorentum geprägt ist. Darin unterscheidet sie sich kraß von dem nonchalanten Flair, mit dem das VICTORY-Team 1983 in Newport auftrat.

Damals wirkte die britische Attacke auf den Cup mehr wie die Erfüllung eines Traums, den sich ein reicher Mann leistete, denn als eine echte sportliche Anstrengung. Das kam auch in der wichtigen Rolle zum Ausdruck, die Peter de Savary bei der Veranstaltung 1983 spielte. Diesmal wurde der Versuch unternommen, das Nationalgefühl der breiten Massen zu mobilisieren. Um zu vermeiden, daß einer der großen Geldgeber zuviel Einfluß auf die technischen und sportlichen Entscheidungen gewann, wurde eine Aktiengesellschaft gegründet. So spricht man nun auch bei den Briten von Sponsoren statt von „patrons". Diese Sponsoren sind echte Partner des Unternehmens, haben Zugang zu den Forschungsprogrammen und können das Image des Pokals in der Werbung nutzen. Obwohl sich die Art der Finanzierung zwischen 1983 und heute völlig verändert hat, blieben doch viele Schlüsselfiguren beteiligt, die sich schon für VICTORY eingesetzt hatten, unter ihnen Phil Crebbin, Harold Cudmore, Ian Howlett und David Hollom.

Harold Cudmore ist einer der großen Namen der internationalen Yachtszene. Er hat schon auf allen wichtigen Regattabahnen der Welt gesegelt und an allen großen Match-Race-(Boot gegen Boot-)Veranstaltungen teilgenommen. Einen seiner jüngsten Erfolge errang er 1985, als er das beste Einzelboot der Admiral's-Cup-Serie skipperte. Cudmore ist als lebensfroher Mensch bekannt und das Glanzlicht jeder Pressekonferenz, doch vor allem ist er ein Skipper, dessen Charisma von keinem Crewmitglied in Zweifel gezogen wird.

Die vier Asse vom Taskforce-Syndikat kurz nach seiner Gründung: John Swarbrick, Brian Conway, Iain Murray und Peter Gilmour (von links).

Ebenso wichtig sind in der britischen Zwölferszene die beiden Konstrukteure Howlett und Hollom. Sie leiteten zwei getrennte Forschungsteams. Das erste hatte schon VICTORY '83 entworfen und zu der Zeit genauso wie Hollom die Verwendung eines Flügelkiels erwogen. Hollom ist spezialisiert auf den Bau funkgesteuerter Modellyachten und weithin für seine Entwicklungsarbeit auf dem Gebiet neuer Ruder- und Kielformen bekannt. Howlett wurde mit der Konstruktion eines Bootes betraut, das eine konsequente Weiterentwicklung seiner bisherigen Arbeit sein sollte, während Hollom nach radikaleren Lösungen zu suchen hatte. So konnte er sich selbst und das andere Team auf einem Gebiet übertreffen, das ihn am meisten interessierte: die Widerstandsbeiwerte im Unterwasserbereich zu reduzieren. Jedes Team baute einen Zwölfer, CRUSADER I und CRUSADER II, wobei das zweite Boot sofort den Spitznamen „Hippo" (Hippopotamus = Nilpferd) bekam, wegen seines Höckers im vorderen Unterwasserschiff und seiner ungewöhnlichen Linien. Dennoch sollte es Howletts Entwurf CRUSADER I zukommen, in die Konkurrenz der Herausforderer zu gehen.

Ohne die unerschütterlichen Bemühungen Großbritanniens hätte der America's Cup nie seine überragende Bedeutung als Segeltrophäe erlangt. Und ohne die Neuseeländer, die 1987 ihre erste Herausforderung unterbreiteten, wären die Cupregatten vielleicht ohne große Überraschung über die Bühne gegangen. Die mächtige amerikanische Attacke war erwartet und begrüßt worden, aber wer hätte jemals damit gerechnet, daß die Neuseeländer aller Welt beweisen würden, daß man gleich im ersten Anlauf Sieger werden kann – oder jedenfalls dem Sieg sehr nahe kommen?

Die Kiwis verblüffen die Welt

Neuseeland ist eine Seglernation par excellence. Es hat nur drei Millionen Einwohner, aber so gut wie jeder von ihnen segelt. Deshalb überraschten die Erfolge, die von den Kiwis nach nur wenigen Monaten Training erzielt wurden, die Erfahreneren unter den Beobachtern keineswegs. Seit gut zehn Jahren überzeugende Leistungssegler in den verschiedensten Disziplinen, gingen sie in die Zwölfer-Regatten mit entsprechendem Selbstvertrauen. Sie bewiesen, daß spezielle Zwölfererfahrung noch nicht alles bedeutet. Die Fak-

KOOKABURRA II und III, benannt nach einem angriffslustigen australischen Buschvogel („Lachender Hans"), sind die beiden Neubauten, die das Taskforce-Team zur Qualifikation der Verteidiger präsentierte.

Gruppenbild an Bord der AUSTRALIA IV: John Bertrands Nachfolger in der Crew, Skipper Colin Beashel, mußte sich an seinem großen Vorgänger messen lassen.

ten der Kampagne Neuseelands sprechen für sich selbst, vor allem dank eines Konstruktionsteams, das für seinen innovativen Schwung bekannt ist: Laurie Davidson, Bruce Farr und Ron Holland, die ihren Ruf mit radikalen und meist sehr erfolgreichen IOR-Yachten für Hochseerennen begründet hatten. Nun bauten sie der Welt ersten Zwölfer aus glasfaserverstärktem Kunststoff. Der Vorteil dieser Bauweise gegenüber der sonst ausschließlich angewandten Aluminiumbauweise liegt in einer höheren Steifigkeit und glatteren Außenhaut. In nur zehn Monaten wurden drei Zwölfer gebaut, und bei den Weltmeisterschaften kamen die Neuseeländer nach nur zwei Wochen Training auf den zweiten Platz. Am Vorabend der ersten Vorrunde verkündete Chris Dickson, der 25jährige Skipper von NEW ZEALAND, voll Übermut: "Dennis Conner? Ich glaube, wir werden noch vor Saisonende erleben, daß er wieder mal weint..."

Die Australier rüsten sich

Die Ereignisse, die zu AUSTRALIAS Cupgewinn und damit zur Ausrichtung der ersten America's-Cup-Regatta in Australien führten, sind inzwischen allgemein bekannt. Zusammenfassend kann man sagen, daß dies auf AUSTRALIAS technologischer Überlegenheit und der Fähigkeit ihrer Mannschaft beruhte, überzeugend zu wirken, auch wenn sie die Satzung bis zum äußersten strapaziert hatte. Die Australier besaßen das größte Durchsetzungsvermögen, auch in psychologischer Hinsicht, und das brachte ihnen im Verein mit dem Phänomen des geflügelten Kiels schließlich den Sieg ein. Das Prinzip des Flügelkiels war zwar nicht gerade neu, wurde aber bei AUSTRALIA II zum ersten Mal effektiv umgesetzt.

"Alan Bond und Skipper John Bertrand waren überzeugt, daß wir mit einem konventionellen Boot niemals gewinnen konnten", erinnert sich Ben Lexcen, der Konstrukteur von AUSTRALIA II. "Deshalb fand sich Bond zur Finanzierung eines aufwendigen Forschungsprogramms bereit, das wir im hydrodynamischen Institut von Wageningen in Holland realisierten, weil uns dort die technischen Voraussetzungen und einschlägige Erfahrung zur Verfügung standen. Offengestanden befürchtete ich, daß ein Amerikaner das Modell zu Gesicht bekommen könnte, denn dann wäre ihm sofort klar geworden, in welche Richtung wir marschierten." In der umstrittenen Frage der nationalen Urheberschaft bleibt Lexcen dabei: Das Projekt sei seines Geistes Kind und deshalb eine rein australische Angelegenheit gewesen, aber er räumt ein: "Wir hätten unmöglich interessante Vorschläge ignorieren können, die während unserer Arbeit von den holländischen Ingenieuren gemacht wurden." Genau diesen Punkt aber führen die Amerikaner ins Feld – und ihre Zahl ist nicht klein –, wenn sie immer wieder behaupten, der Cup sei ihnen mit Duldung des New York Yacht Club gestohlen worden.

Wie dem auch sei, nun sind die Rollen vertauscht und die Australier Verteidiger des America's Cup. Schon zu Jahresbeginn 1984 hoffte Lexcen, "daß die Verteidiger möglichst zahlreich und hochqualifiziert sein würden. Wir brauchen starke nationale Konkurrenz, wenn wir auf einen zweiten Erfolg hoffen wollen. Andererseits, wenn es zu viele wären, könnte das Verwirrung stiften... Wer weiß, ob wir es schaffen werden, das richtige Mittelmaß zu finden?"

Anfangs war noch die Rede davon, daß sich sechs bis acht australische Syndikate bilden würden. Doch als dem großen Wort die Tat folgen sollte, wurde schnell offenbar, daß sich ihre Zahl mindestens um die Hälfte verringern würde. Zwei von diesen Syndikaten waren jedoch sehr potent: die neue Mannschaft Alan Bonds und die Gruppe, die Kevin Parry um sich versammelt hatte, wie Bond ein Selfmademan aus West-Australien.

Als der Countdown weiterging, wurde immer klarer, daß Australiens Hoffnungen vom Stand der Vorbereitung – oder besser: der Perfektion – abhingen, den diese miteinander im Wettstreit liegenden Syndikate erreichen würden. Kevin Parry ging nach dem Grundsatz vor, dem er auch seinen geschäftlichen Erfolg verdankte – „niemals etwas dem Zufall überlassen" –, und ernannte Iain Murray zum Skipper. Alan Bond griff wieder auf die Recken von Newport zurück, wobei ihm jedoch John Bertrand nicht mehr uneingeschränkt zur Verfügung stand. Nach 15 Jahren Segelsport hatte Bertrand sein Ziel erreicht und beschlossen, das Image des Siegers, das er sich in Newport erkämpft hatte, als Geschäftsmann zu nutzen. Außerdem verlangte seine vierköpfige Familie wieder ihr Recht.

AUSTRALIA IV beim Spinnakermanöver. Sie war Ben Lexcens jüngste Konstruktion für die Verteidigungskampagne 87. Davor kamen – in Reihe – die berühmte AUSTRALIA II, dann SOUTH AUSTRALIA und AUSTRALIA III, die 1986 die Weltmeisterschaft der Zwölfer gewann.

Louis Vuitton Cup

Ausscheidungsrennen der Herausforderer um den America's Cup

Vorausscheidungen:
1. Vorrunde (Round Robin 1), 5. bis 20. Oktober 1986
2. Vorrunde (Round Robin 2), 2. bis 19. November 1986
3. Vorrunde (Round Robin 3), 2. bis 19. Dezember 1986

Qualifiziert für die Zwischenausscheidungen:
NEW ZEALAND, STARS & STRIPES, USA, FRENCH KISS

Plazierung	Segelnummer	Yacht	Yachtklub	Land	1. Vorrunde Punkte	Rennen	Gewonnen	Verloren	2. Vorrunde Punkte	Rennen	Gewonnen	Verloren	3. Vorrunde Punkte	Rennen	Gewonnen	Verloren	Gesamtpunktzahl
1	KZ 7	NEW ZEALAND	Royal New Zealand Y.S.	NZ	11	12	11	1	55	11	11	0	132	11	11	0	198
2	US 55	STARS & STRIPES	San Diego Y.C.	USA	11	12	11	1	35	11	7	4	108	11	9	2	154
3	US 61	USA	St. Francis Y.C.	USA	8	12	8	4	35	11	7	4	96	11	8	3	139
4	F 7	FRENCH KISS	S. R. Rochelaises	FRA	5	12	5	7	40	11	8	3	84	11	7	4	129
5	US 46	AMERICA II	New York Y.C.	USA	11	12	11	1	45	11	9	2	72	11	6	5	128
6	K 24	WHITE CRUSADER	Royal Thames Y.C.	UK	8	12	8	4	35	11	7	4	72	11	6	5	115
7	I 7	ITALIA	Y.C. Italiano	ITA	7	12	7	5	20	11	4	7	72	11	6	5	99
8	US 51	HEART OF AMERICA	Chicago Y.C.	USA	3	12	3	9	10	11	2	9	72	11	6	5	85
9	KC 2	CANADA II	Royal Nova Scotia Y.S.	CAN	6	12	6	6	25	11	5	6	48	11	4	7	79
10	US 60	EAGLE	Newport Harbor Y.C.	USA	4	12	4	8	20	11	4	7	24	11	2	9	48
11	I 10	AZZURRA	Y.C. Costa Smeralda	ITA	1	12	1	11	10	11	2	9	12	11	1	10	23
12	F 8	CHALLENGE FRANCE	S. N. Marseille	FRA	2	12	2	10	0	11	0	11	0	11	0	11	2
13	US 26	COURAGEOUS IV	Yale Corinthian Y.C.	USA	1	12	1	11	zurückgezogen				zurückgezogen				1

DEFENDER'S CUP

Qualifikation der Verteidiger des America's Cup

1. Qualifikationsrennen, 18. bis 28. Oktober 1986
2. Qualifikationsrennen, 2. bis 19. November 1986
3. Qualifikationsrennen, 2. bis 14. Dezember 1986

Die Zwischenqualifikationen erreichten:
KOOKABURRA III, AUSTRALIA IV, KOOKABURRA II, STEAK N' KIDNEY

Plazierung	Segelnummer	Yacht	Yachtklub	1. Qualifikationsrennen Punkte	Rennen	Gewonnen	Verloren	2. Qualifikationsrennen Punkte	Rennen	Gewonnen	Verloren	3. Qualifikationsrennen Punkte	Rennen	Gewonnen	Verloren	Gesamtpunktzahl
1	KA 15	KOOKABURRA III	Royal Perth Y.C.	9	10	9	1	20	10	10	0	24	11	8	3	53
2	KA 16	AUSTRALIA IV	Royal Perth Y.C.	8	10	8	2	12	10	6	4	27	11	9	2	47
3	KA 12	KOOKABURRA II	Royal Perth Y.C.	7	10	7	3	12	10	6	4	15	11	5	6	34
4	KA 14	STEAK N' KIDNEY	Royal Sydney Y.S.	0	10	0	10	0	10	0	10	12	11	4	7	12
5	KA 9	AUSTRALIA III	Royal Perth Y.C.	4	10	4	6	8	10	4	6	zurückgezogen				12
6	KA 8	SOUTH AUSTRALIA	Royal South Austr. Y.S.	2	10	2	8	6	10	3	7	3	11	1	10	11

2 DIE ERSTEN RENNEN

*Zwei Verteidigerinnen in der Qualifikation, S*OUTH *A*USTRALIA *und* A*USTRALIA* III *(Vordergrund): ein Duell von West gegen Süd.*

2 DIE ERSTEN RENNEN

Die Phalanx der Boote, die im September 1986 in Fremantle aufeinandertrafen, hat in der ganzen Geschichte des Segelsports nicht ihresgleichen. Es waren insgesamt 26 Zwölfer, die von den 17 am Wettbewerb teilnehmenden Syndikaten in die Arena geworfen wurden. Vor ihnen lag ein harter Ausleseprozeß, der auf vier Monate angesetzt war und dessen Schlußphase nur die allerbesten – und am Ende nur zwei von 26 – erleben würden. Die Gesamtzahl dieser Zwölfer überstieg die Summe aller von 1906, dem Jahr der Klassengründung, bis 1983 weltweit gebauten 12-m-R-Yachten.

Bereits zu den Weltmeisterschaften der Klasse, die im Februar 1986 in Fremantle veranstaltet und von AUSTRALIA III gewonnen worden waren, hatte sich eine stattliche Zahl von Zwölfern versammelt. Bei diesem Wettbewerb wurden Flottillenregatten nach Art der Einheitsklassen – also nicht Boot gegen Boot wie später – gesegelt, und zwei neue Teams, FRENCH KISS und NEW ZEALAND, beeindruckten durch ihre guten Leistungen. Der Favorit AMERICA II schien nicht in Höchstform zu sein.

Die Bedeutung dieser Weltmeisterschaft litt unter der Abwesenheit der beiden großen Amerikaner Conner und Blackaller, der Briten und des australischen Taskforce-Syndikats, obwohl letzteres bereits KOOKABURRA I und KOOKABURRA II zu Wasser gebracht hatte. In diesen Februartagen erregte das gute Abschneiden des französischen und eines neuseeländischen Bootes (KZ 5) allerhand Aufmerksamkeit; doch wer

Das schwierige Revier, das der Indik den Zwölfern vor Fremantle servierte, brachte nach 132 Jahren Wettsegeln in den ruhigen Gewässern vor Newport ganz neue Aspekte in die Cuprennen. Dies erforderte eine abrupte Änderung der Konstruktionskonzepte und Regattataktiken, an die sich nur wenige Crews optimal anpassen konnten. Hier NEW ZEALAND (oben) und WHITE CRUSADER, letztere im Schlepp bei der Rückkehr in den Hafen.

Der einzige Herausforderer, der den starken Chris Dickson bei den Vorrunden in ernsthafte Verlegenheit brachte, war der Brite Harold Cudmore mit WHITE CRUSADER, weil er es fast ein ganzes Rennen lang schaffte, NEW ZEALAND abzudecken, bis diese schließlich auf dem letzten Schenkel durchbrechen und gewinnen konnte. ▶

hätte schon zwei Teams die Favoritenrolle zugesprochen, die keine America's-Cup-Erfahrung besaßen und deren Konstrukteure – Briand einerseits und Davidson, Farr und Holland andererseits – noch nie zuvor einen Zwölfer entworfen hatten? Aber schon damals im Februar erteilten Franzosen und Neuseeländer ihren Konkurrenten eine Lektion in kreativem Leistungsvermögen, die nicht zu unterschätzen war. FRENCH KISS und NEW ZEALAND 5 hatten eine individuelle und überzeugende Auslegung der Zwölf-Meter-Formel verkörpert. Obwohl ihre Vermessungsdaten noch ein streng gehütetes Geheimnis waren, begannen sich viele Beobachter in aller Welt zu fragen, ob sich vielleicht Erfahrungen, die zu eng mit Newport und seinen besonderen Wetterverhältnissen sowie mit der Geschichte des Cups verbunden waren, nicht doch als hinderlich erweisen würden.

Die Neuseeländer hatten bereits ein alarmierendes Potential gezeigt. Sie planten nicht nur, ihre Crew aus Teilnehmern an der Whitbread-Weltregatta zusammenzustellen, sondern hatten ihre Zwölfer auch aus GFK gebaut. Dies war ein Novum. Aber sie waren überzeugt, daß ein Kunststoffrumpf wegen seiner höheren Biegesteifigkeit bessere Ergebnisse erzielen würde. Die Genehmigung von Lloyd's erhielten sie ohne größere Schwierigkeiten. Trotzdem hatten alle anderen Konkurrenten es für klüger erachtet, wieder einmal bei dem traditionelleren Baumaterial Aluminium zu bleiben.

Die Verteidigung

Immerhin schien der Sieg von AUSTRALIA III bei den Weltmeisterschaften für Alan Bonds Gruppe die Bestätigung zu bringen, daß ihrer 1983/87er Kampagne das richtige Konzept zugrundelag. Es fiel schwer, Bonds Männer nicht als Favoriten unter den Cup-Verteidigern zu sehen. Die Gruppe hatte einen gewaltigen Erfahrungsvorsprung in Australien und anderswo. Bond und seine Leute waren die Bezwinger der Amerikaner und schienen überdies eine Zauberformel zu besitzen. Sie lautete: „Man muß alles in Frage stellen und ganz von vorn beginnen können." Wer sonst als dieses Team kannte so genau das Rezept, nach dem sich siegen und nochmals siegen ließ?

Nach ihrem enttäuschenden Abschneiden in der ersten und zweiten Vorrunde konnte sich FRENCH KISS schließlich in der dritten Runde verdient für das Halbfinale qualifizieren. Wieder einmal erwies sie sich als Überraschung unter den Yachten der neuen Zwölfergeneration. Sie hatte eine ausgezeichnete Crew und – wie sich zeigte – in Marc Pajot auch einen exzellenten Skipper. ▶

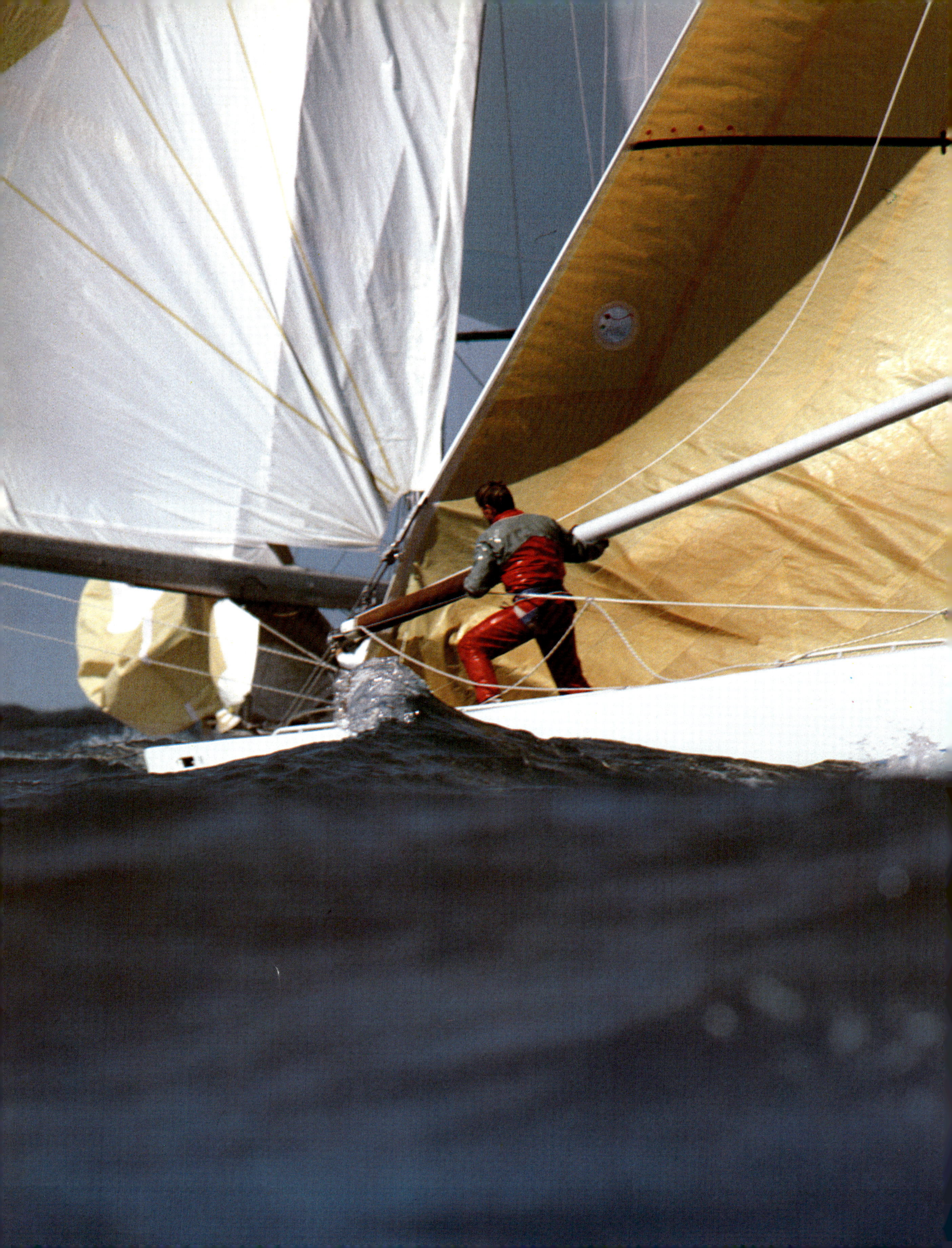

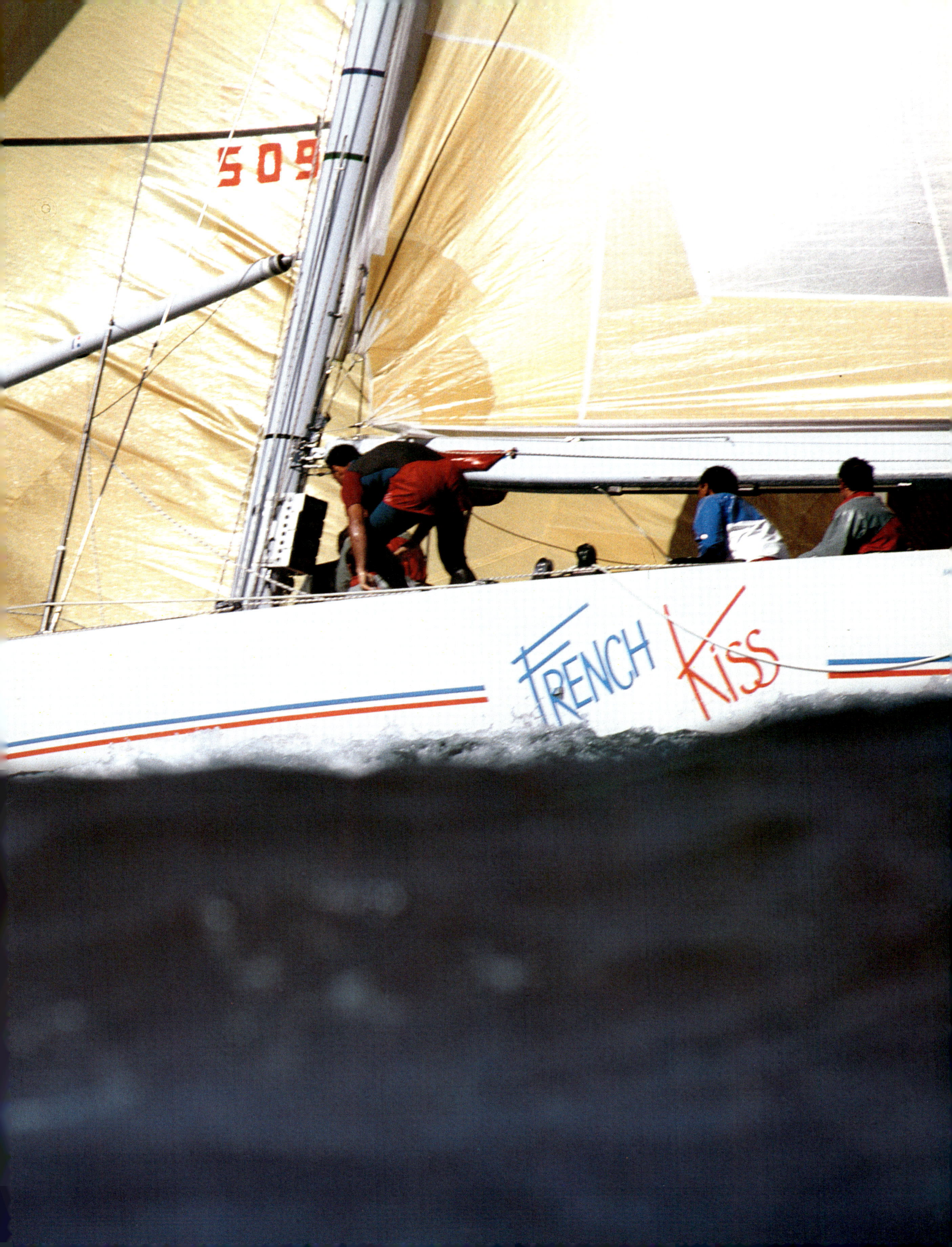
509
FRENCH Kiss

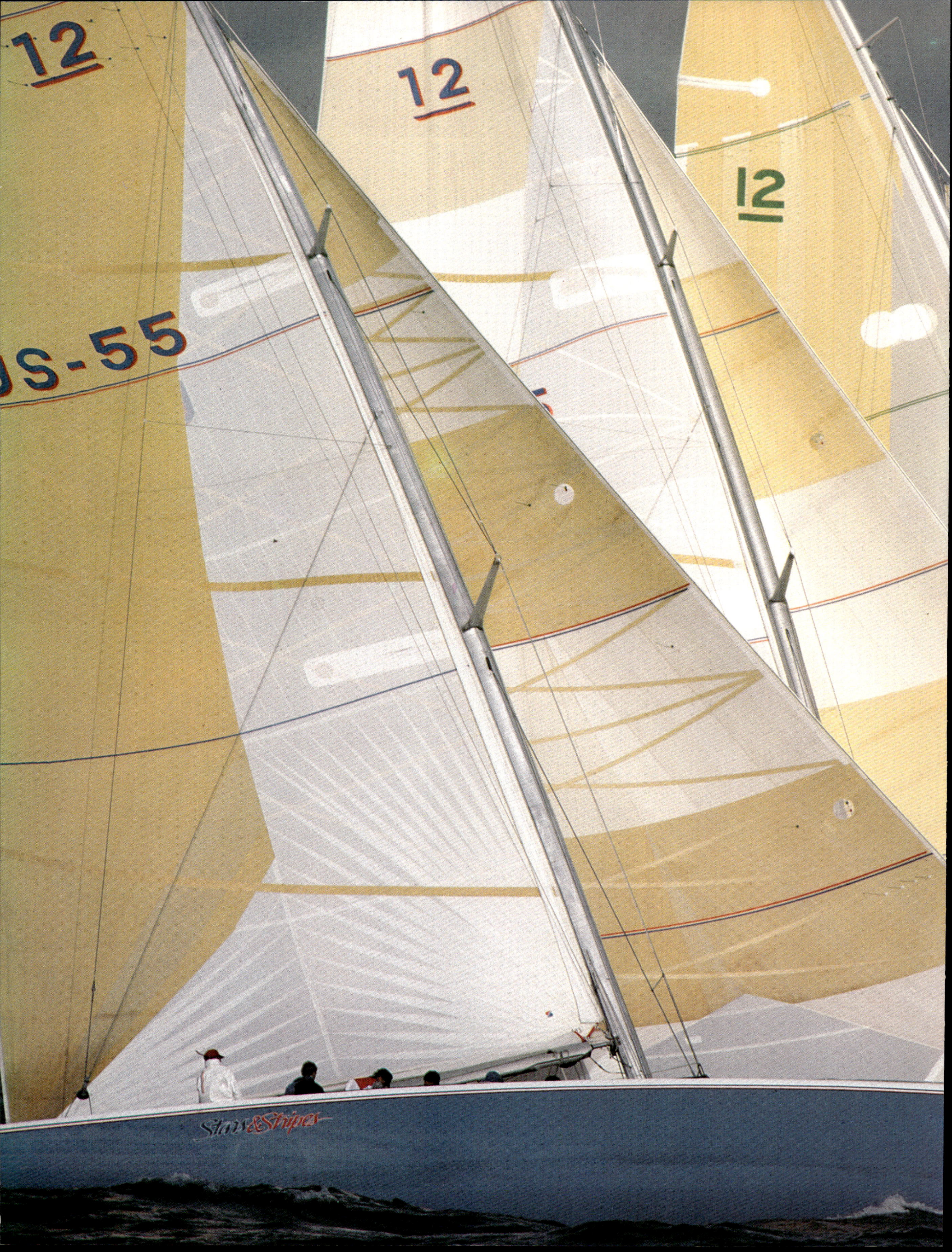
12
US-55
12
12
Stars&Stripes

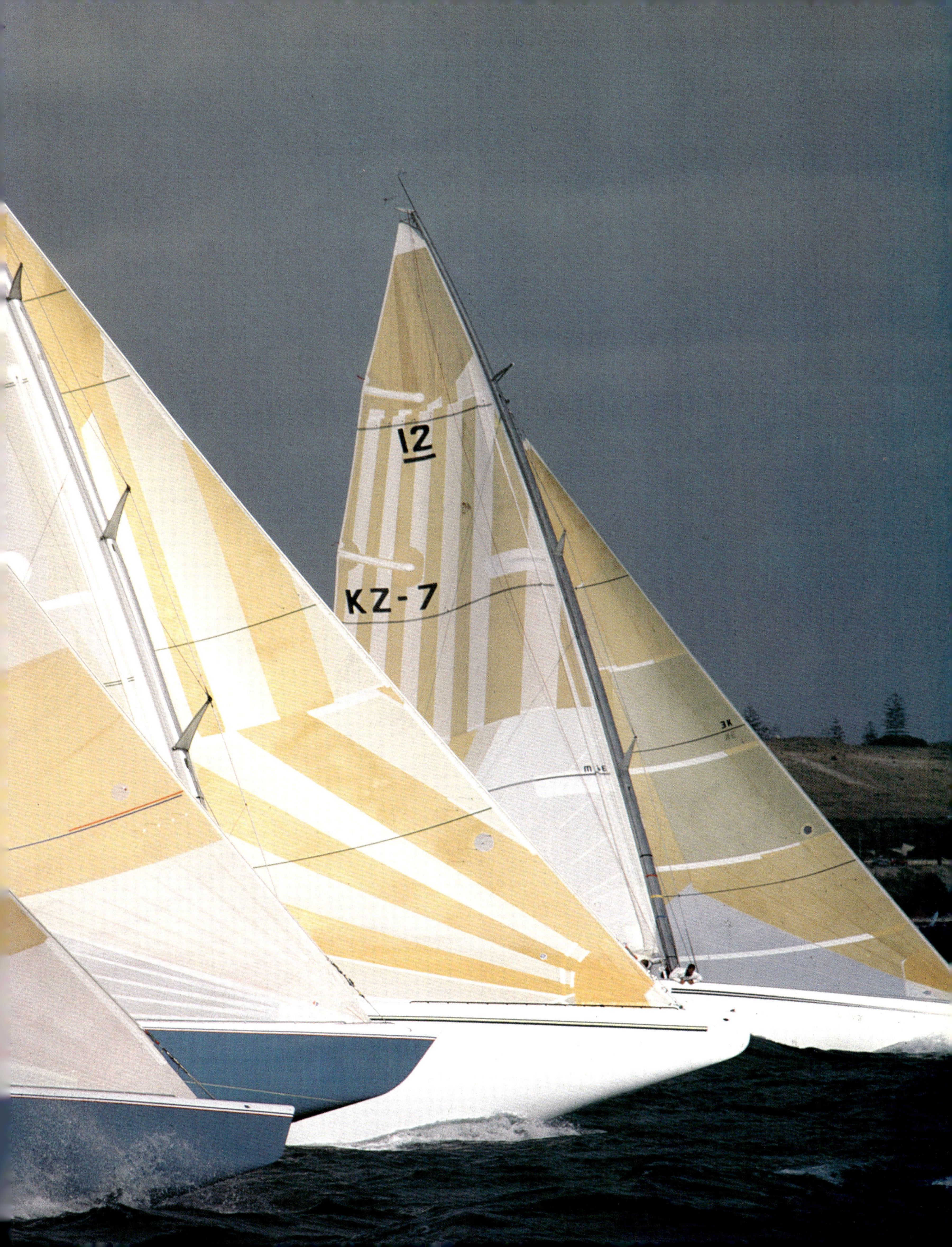
12
KZ-7

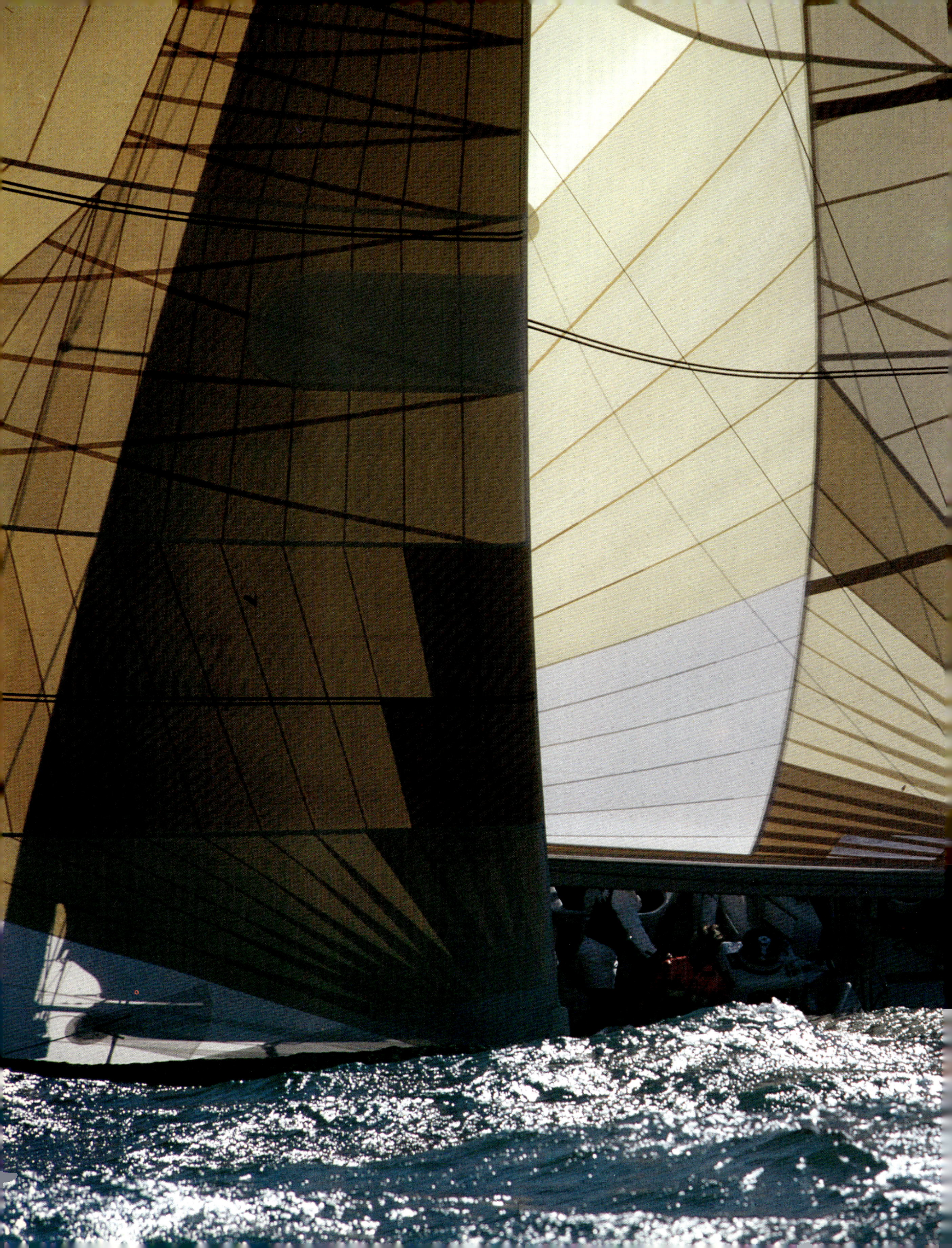

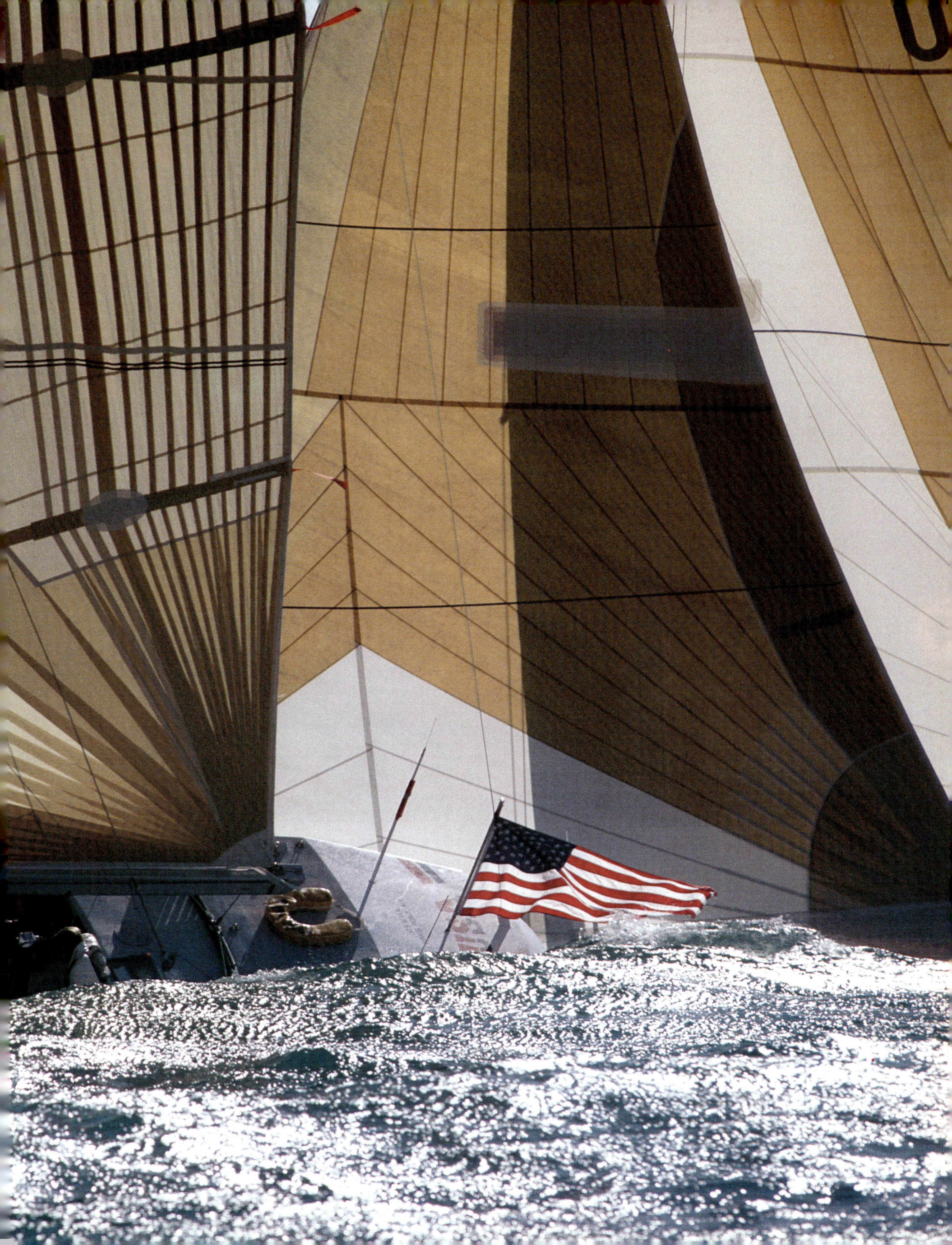

Während der Pausen zwischen den drei Ausscheidungsserien wurden die meisten Schiffe umgerüstet und auf ihre neuen Eigenschaften überprüft. In jedem Augenblick seiner America's-Cup-Präsenz wird so ein Zwölfer durch modernste Technik und komplizierte Instrumente überwacht. Alle Borddaten gehen über Funk an die Computer in den Begleitfahrzeugen, die sie speichern und analysieren. Am Mast installierte Videokameras übertragen das Bild der Segel zum Bordcomputer, der das Idealprofil für die momentane Situation gespeichert hat und beide Schaubilder auf ◀ den Bordmonitoren zeigt.

Zweifellos gehörte das Team von AMERICA II zu den Syndikaten, die während der Vorbereitungszeit am längsten in Australien trainierten. Ein Schleier des Geheimnisses umgab diese Übungsfahrten, und nur selten durchbrach das Team seine selbstgewählte „splendid isolation", um gegen andere Boote – wie hier gegen USA – zu ◀ segeln.

USA und NEW ZEALAND, bereits wenige Meter nach der Marke wieder mit perfektem Segeltrimm.

Die andere australische Gruppe, die an der Herausforderung von 1983 teilgenommen hatte, wirkte entschieden schwächer. Das Boot, mit dem sie in USA erschienen war, ADVANCE, war von den Amerikanern sofort als „lahme Ente" eingestuft worden. An seinem Ruder stand ein junger Mann aus Sydney, Iain Murray, Weltmeister in der Skiff-Klasse. Auch der Neuseeländer Bruce Farr hatte sein Debüt auf diesen berühmten australischen 18-Füßlern gegeben. Iain ist ein starker Charakter und ein ruhiger Segler, gewohnt, die Konstruktion und den Bau der Yachten, die er ins Rennen führt, selbst zu beaufsichtigen. Die alte Garde des australischen Segelsports hielt es für Unverfrorenheit, als er sich die Freiheit nahm, öffentlich zu erklären, daß ihn die Mitarbeit in einem so berühmten Konstruktionsbüro wie Sparkman & Stephens nicht sonderlich reize; er wolle sich und seine Ideen ohne Vorkonditionierung frei verwirklichen. Nach seiner Rückkehr aus Newport – er war trotz des Ausscheidens von ADVANCE dort geblieben, um mit CHALLENGE 12 als Sparringspartner für AUSTRALIA II zu dienen – bot sich Murray als Ersatz für John Bertrand an. Doch die Verhandlungen mit Alan Bonds Syndikat scheiterten bald, weil Iain den Eindruck gewann, daß sein Standpunkt nicht genügend berücksichtigt wurde; so wagte er den Versuch, eine eigene Kampagne zu starten, und fand in Kevin Parry den idealen Finanzier.

Iain Murrays zweiter Versuch

Nach Ben Lexcens Ansicht war dies der folgenschwerste Fehler, den Bonds Syndikat in der Zeit nach Newport beging. Iain Murray hatte aus seinen Erfahrungen von 1983 eine Menge gelernt, besonders glaubte er zu wissen, „was man nicht tun darf". Murray nahm die Zauberformel über das Ganz-von-vorn-Beginnen wörtlich und sammelte als erstes ein Beraterteam um sich, das aus allen Weltgegenden nach Perth berufen wurde. Dann schuf und organisierte er ein Team von rund hundert Mitarbeitern und baute sein Programm auf drei Booten auf, KOOKABURRA I, II und III. Zu diesem Zweck testete er Dutzende von Modellen, Konfigurationen, Kiel- und Kielflügelformen.

Seit dem Moment, da KOOKABURRA I von Stapel lief, lag über der Regattabahn vor Fremantle fühlbare Spannung. Es gab Feindseligkeiten und kleinliche Streitereien zwischen den beiden großen Rivalen um den Titel der offiziellen Verteidigerin. Zuletzt wurde es so arg, daß der Royal Perth Yacht Club in einem „Memorandum an die Verteidiger" zum Frieden mahnte.

SOUTH AUSTRALIA war der erste Zwölfer der neuen Generation, der nach Lexcens Entwurf gebaut wurde. John Hardy, Cup-Veteran und ursprünglich einer von Bonds Beratern, hatte sich nämlich das Recht gesichert, mit Au-

Beim Matchrace (Boot gegen Boot) ist es eine Routinepraxis, durch gegenseitiges Umkreisen die beste Ausgangsposition für den Start anzustreben. Dies geschieht in schnellen und überraschenden Manövern, um dicht ans Heck des Gegners zu gelangen und ihn entweder zu einem Frühstart zu zwingen oder von der Linie abzudrängen. Bei diesen Vorstartduellen fast unschlagbar war die italienische AZZURRA, *hier auf dem oberen Bild gemeinsam mit* ITALIA I. *Die beiden Fotos darunter zeigen* AMERICA II *mit* FRENCH KISS. *Gegenüberliegende Seite:* NEW ZEALAND *und* HEART OF AMERICA.

STRALIA II zu trainieren und ihren Konstrukteur Lexcen gegen 600 000 A$ Honorar (Anm. d. Übers.: Tageskurs 1,– DM = 1,34 A$) in beratender Funktion zu engagieren. Diese Kampagne wurde von der Regierung des Teilstaates Südaustralien finanziert. Damit bot Hardy Bonds Mannen die Chance, einige frische, speziell für die neue Rennstrecke entwickelte Ideen auf Kosten anderer auszuprobieren, ehe sie mit dem Bau von AUSTRALIA III und später von AUSTRALIA IV begannen.

Die Leute aus Sydney

Schließlich traf auch die Gruppe um STEAK N' KIDNEY aus Sydney ein, geführt von Syd Fisher. Dieses Syndikat hatte mit gravierenden Finanzproblemen zu kämpfen gehabt, zuletzt aber doch einen neuen Entwurf von Peter Cole verwirklichen können. Zur allgemeinen Überraschung besaß es die Stirn, sein Boot auf den Spitznamen der Stadt Sydney – STEAK N' KIDNEY – zu taufen. Es war der erfolgreiche Versuch, die im Budget klaffende Finanzlücke durch einen Appell an die allgemeine Solidarität und Spendenbereitschaft zu schließen.

Ein seltsames Reglement

Trotzdem schien es wenig wahrscheinlich, daß eine der beiden letztgenannten Gruppen ernsthaft mit den zwei „Supermächten" aus Westaustralien würde wetteifern können. Beide Programme sahen nur die Konstruktion von jeweils einem Zwölfer vor, denn keines der Budgets lag höher als acht Millionen australische Dollar. Auf der anderen Seite konnte Bonds Syndikat 16 Millionen A$

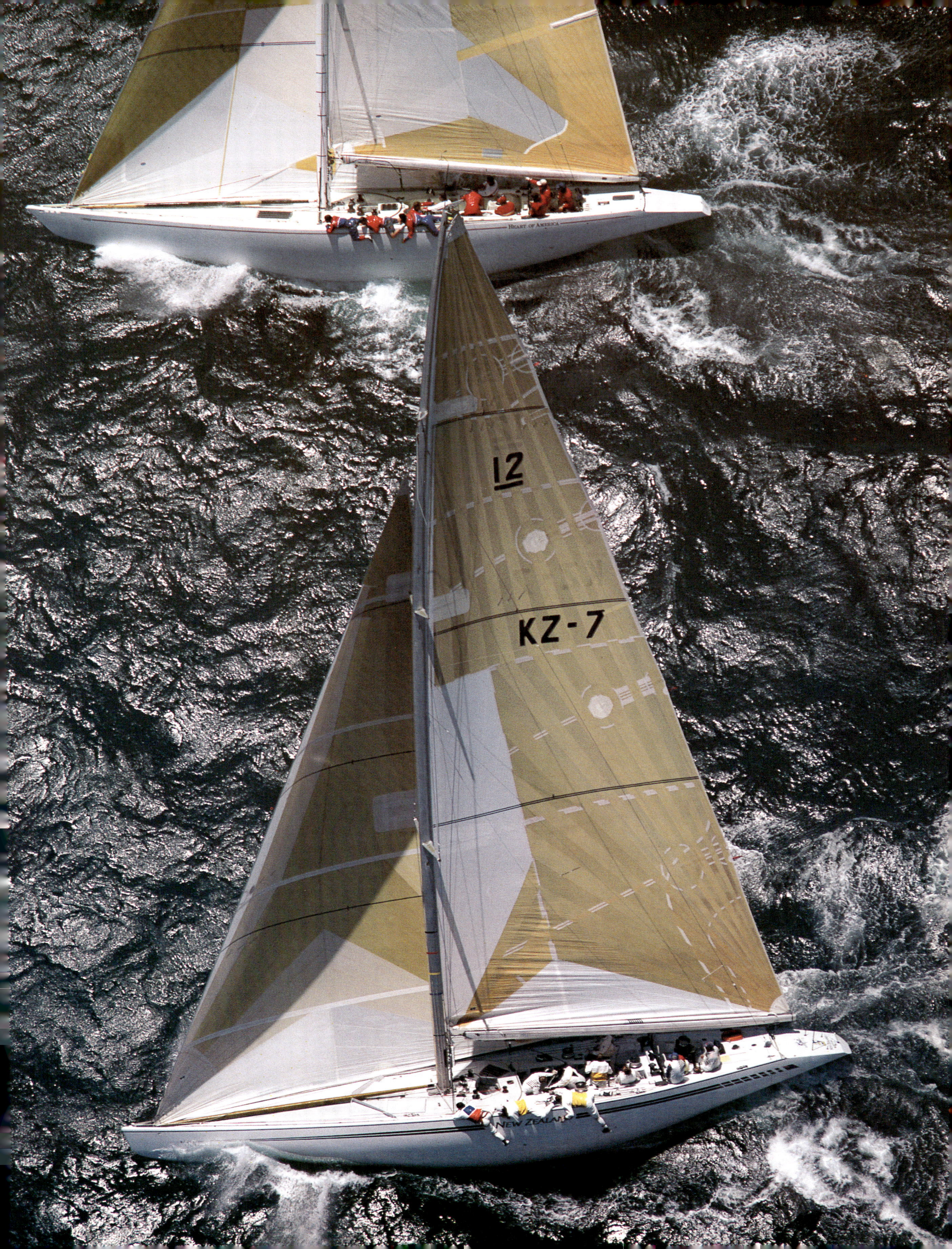
12
KZ-7

in die Waagschale werfen und Parry sogar 20 Millionen. Damit hatten die Australier für die Rennen um den America's Cup 87 insgesamt sieben neue Boote gebaut (AUSTRALIA III und IV, KOOKABURRA I, II und III, SOUTH AUSTRALIA und STEAK N' KIDNEY), während die Herausforderer mit 20 Yachten antraten.

Mit ein Grund für die besondere Aura dieses Wettbewerbs ist die Tatsache, daß sich sein Reglement von dem aller anderen großen Yachtrennen unterscheidet. Zum einen verlangt es ausnahmslos Boot-gegen-Boot-Duelle (match races), zum anderen sieht es vor, daß alle Bewerber um den Titel der Verteidigerin — diesmal die Australier — und die Kandidaten für den Titel der Herausforderin die Qualifikationsrennen ausschließlich untereinander austragen.

Aus diesem internen Eliminationsprozeß gehen schließlich zwei Siegerinnen hervor, die sich zuletzt im Finale messen, dessen Ausgang über den Verbleib des America's Cup entscheidet. Herausforderin und Verteidigerin treffen also — zumindest offiziell — vor dem Finale kein einziges Mal aufeinander. Darauf achtete das Komitee des New York Yacht Club (NYYC) in den goldenen Jahren von Newport besonders scharf. Der verteidigende Klub legt fest, wann und wo die Ausscheidungen stattfinden. Die Amerikaner organisierten gewöhnlich „Beobachtungsrennen" unter den Verteidigern, wobei das Komitee das letzte Wort behielt. Die Australier dagegen hatten sich für ein Punktsystem entschieden. Alle Herausforderer einigten sich gemeinsam über die Modalitäten ihrer Qualifikation, und es oblag dem „Challenger of Record" (dem mit der Abwicklung betrauten Herausforderer), die Selektionsrennen auszurichten, wobei der verteidigende Klub aber ein Vetorecht behielt. Während diesmal der Royal Australian Yacht Club den Verteidigern gestattete, mit mehr als einem Boot in die Qualifikation zu gehen (KOOKABURRA II und III sowie AUSTRALIA III und IV), wurde den Herausforderern diese Möglichkeit versagt. Nach langen Verhandlungen räumte man letzteren wenigstens die Chance ein, am Ende der ersten Vorrunde (Round Robin) ihr Boot gegen ein anderes auszutauschen. Daß sie viele Monate lang bei unterschiedlichsten Wetterverhältnissen mit stets demselben Boot kämpfen mußten, warf gravierende technische Probleme auf. Dagegen stand von Anfang an fest, daß die Australier nach Wunsch Schiffe unterschiedlichster Konstruktion einsetzen konnten und sich erst spät im Ausleseprozeß für den Typ entscheiden mußten, der die besten Resultate versprach.

Die Herausforderer hatten also ihre Yacht zu bestimmen, ohne vorher längere und gründliche Vergleiche anstellen zu können. Immerhin durften sie in den Pausen zwischen den Vorrunden ihre Boote jedesmal modifizieren, notfalls auch radikal. Die Chance, die richtige Alternative zu wählen, ist und bleibt nun einmal eine der wichtigsten Voraussetzungen für ein siegreiches Abschneiden.

Die Rätsel von Fremantle

1983 waren die Wetterverhältnisse in Newport eine bekannte Größe gewesen, in Fremantle hingegen blieben viele meteorologische Fragen offen. Bei welchen Qualifikationsrennen würde der „Fremantle Doctor" wehen und wie stark? So heißt die thermische Seebrise, die mit ihrer kühlenden Wirkung

Freude und Enttäuschung liegen oft dicht beieinander. Bild oben: Die Crew von HEART OF AMERICA feiert einen Erfolg. Darunter: Ihr einziger Sieg in der Vorausscheidung ist für die Männer von COURAGEOUS genug Anlaß zur Freude. Gegenüberliegende Seite: Ein FRENCH-KISS-Mann in einem Augenblick der Ruhe.

die glühend heißen Sommertage in Perth erst erträglich macht. Wie viele Rennen würden bei über 20 Knoten Wind stattfinden? Die Prognose, bei welchen durchschnittlichen Wetterverhältnissen die Rennen voraussichtlich veranstaltet würden, war teilweise ein Ratespiel. Dabei bestand immer das Risiko, bei einer Wetteranomalie auf dem völlig falschen Boot zu sitzen, mit einem möglicherweise gravierenden Leistungsabfall. Welches aber war das richtige Boot? Wie sahen seine idealen Eigenschaften aus?

Nach den Erfahrungen bei der Weltmeisterschaft im Februar 1986 schien es nicht zu genügen, ein spezielles Schwerwetterboot zu haben, das mit der möglicherweise rauhen See gut fertig wurde. Gefragt war eine Konstruktion, die sich auch bei mäßiger bis leichter Brise behaupten würde. Ein dreijähriges Entwicklungsprogramm, das viele Millionen Dollar gekostet hatte, konnte von einem australischen Winter, der nur ein bißchen länger oder nasser ausfiel als vorhersehbar, ad absurdum geführt werden.

Leicht nachfühlbar ist der hochgradige emotionale Streß, unter dem jene Syndikate standen, die über mehr als ein Boot verfügten und zu Beginn der Qualifikation in Fremantle noch nicht festgelegt hatten, welches sie einsetzen würden; dazu gehörten die Briten und die beiden italienischen Gruppen. Verständlich auch die Neugier in den Lagern von STARS & STRIPES, USA, EAGLE und FRENCH KISS auf die gegnerischen Yachten, das Bemühen, bei jeder Gelegenheit Vergleiche zu ziehen. Nur die Teams von KOOKABURRA, AMERICA II und NEW ZEALAND beschäftigten sich einzig und allein mit sich selbst. Sie waren eisern entschlossen, sich nicht in die Karten schauen zu lassen.

Der erste Schock

Die Bannerträger des NYYC waren sich ihrer Strategie sehr sicher. Seit Monaten schon segelten sie Tag für Tag mit AMERICA II/US 44 und AMERICA II/US 46 und hielten sich von allen fern, wohl in der Überzeugung, daß sie durch Kontakte mit anderen eine Menge verlieren und wenig profitieren konnten. Im September trafen sich zu Vergleichsfahrten: STARS & STRIPES mit AUSTRALIA IV, USA mit WHITE CRUSADER und FRENCH KISS mit CANADA II. Noch waren sich die Auguren nicht einig. Am Vorabend der ersten Ausscheidungsrunde wurden AMERICA II und STARS & STRIPES am höchsten gehandelt, und viele Beobachter sagten ein Herausforderer-Finale zwischen Kolius und Conner voraus. Ihre beiden Teams schienen tatsächlich die besten Voraussetzungen mitzubringen: Erfahrung, technisches Können, eine gute Organisation und die richtigen Männer. Nach ihnen rangierten die bei der Weltmeisterschaft überraschend gut plazierten Neuseeländer mit ihrer KIWI MAGIC (dem letzten der drei GFK-Neubauten) und die Franzosen mit FRENCH KISS. Manche tippten auch auf die Briten mit WHITE CRUSADER, und viele waren gespannt, wie sich Blackallers Zwölfer USA – ein Produkt radikal neuer Ideen – bewähren würde. Einigen war das vielversprechende Potential von ITALIA I und EAGLE bei mäßigen Windverhältnissen aufgefallen, während manchen nicht entgangen war, daß CANADA II – obwohl einer älteren Generation angehörend – bei den inoffiziellen Vergleichswettfahrten gut abgeschnitten hatte. HEART OF AMERICA und CHALLENGE FRANCE existierten praktisch noch nicht, denn sie waren jede erst wenige Stunden gesegelt worden und hatten deshalb so gut wie keine Chance, in der ersten Vorrunde nennenswerte Erfolge zu erzielen.

Im AZZURRA-Syndikat entschied man sich erst zum spätestmöglichen Zeitpunkt für den Neubau Nummer III. Dieses Schiff stammte vom Zeichenbrett des Konstruktionsbüros Vallicelli und wurde AZZURRA IV vorgezogen, die jünger war, wenn auch nur um wenige Wochen. AZZURRA IV war von Sciomachen entworfen und hatte seit ihrer Ankunft in Fremantle (Anfang September 1986) schon zweimal zu aufwendiger Umrüstung in die Werft zurückkehren müssen.

Vorhersagen

Conner sagte voraus, daß STARS & STRIPES, AMERICA II, KIWI MAGIC und vielleicht CANADA II die Semifinals erreichen würden. Kolius wollte sich nicht festlegen und meinte: „Mit Sicherheit gibt es unter uns nicht nur vier Teams mit Siegerpotential. Wahrscheinlich sind es eher acht." Marc Pajot tippte für die drei Spitzenpositionen auf FRENCH KISS, KIWI MAGIC und AMERICA II und ließ den vierten Platz für eine weitere Amerikanerin offen. John Bertrand, der den Pokal 1983 gewonnen hatte, bekräftigte sein großes Vertrauen zu Kolius: „Er ist der am stärksten motivierte Skipper, ihn könnte ich mir am besten als Gewinner vorstellen." Er fügte noch hinzu: „STARS & STRIPES ist ein vielversprechender Konkurrent, aber man darf USA und ihre Steigerungsmöglichkeiten nicht außer acht lassen."

Es bestand kein Zweifel daran, daß die Qualifikation der Verteidiger auf derselben Bahn wie das Finale ausgetragen werden würde. Dies bedeutete, daß der Yacht Club Costa Smeralda als Challenger of Record für die am 5. Oktober 1986 gestarteten Ausscheidungsrennen der Herausforderer — die Regattaserie um den Louis-Vuitton-Cup — zwei Bahnen auslegen mußte, die sich mit denen der Verteidiger nicht überlappen durften. Da die täglichen beiden Herausforderer-Rennen in kurzem Abstand starteten, mußten auch zwei Komitees und die doppelte Anzahl von Servicebooten zusammengestellt werden.

Die Ausscheidungsrennen der Herausforderer bestanden aus drei Vorrunden (Round Robins) mit eskalierender Punktewertung: ein, fünf und schließlich zwölf Punkte für ein gewonnenes Rennen. In jeder dieser Runden segelte jede Yacht je einmal gegen jede andere. Auf diese Weise wurden die besten vier Teams für das Halbfinale des Louis-Vuitton-Cup ermittelt, während die ausgeschiedenen schon zu Weihnachten heimfahren konnten.

Gleichgültig, wie die Vorhersagen auch ausfielen — bereits das erste Rennen der Vorrunde brachte ein unerwartetes Ergebnis: AMERICA II/US 46 war nahe daran, von CANADA II geschlagen zu werden; seither wollten die Stimmen, die an den Chancen des NYYC zweifelten, nicht mehr verstummen — trotz seiner stattlichen Erfolgsbilanz. AMERICA II war anscheinend nicht stark genug. Sie manövrierte gut und hatte eine große Segelfläche, besaß aber sonst keine hervorstechenden Eigenschaften.

„Glassgate"

In der Zwischenzeit absolvierte KIWI MAGIC, das neuseeländische Schiff, Rennen auf Rennen mit bemerkenswert konstantem Erfolg. STARS & STRIPES bewies, daß sie zu guten Leistungen imstande war, und ihr Skipper Conner brachte dem Neuseeländer Chris Dickson seine einzige Niederlage in den Vorrunden bei – Dickson, dem aufgehenden Stern am Firmament des America's Cup. Während des harten Ausleseprozesses lud sich die Atmosphäre bei den Herausforderern immer mehr auf, und zwar wegen der Spannungen zwischen dem Sail-America-Syndikat und der neuseeländischen Gruppe – ein Kampf, der sich nicht auf die Regattabahn beschränkte. Ende September, Anfang Oktober eskalierte die hitzige Diskussion über das „Glasfiberproblem", die noch lange weiterschwelen sollte. Mitte September verlangten die Amerikaner aus Conners Team, das Vermessungskomitee solle den GFK-Rumpf von KIWI MAGIC noch einmal auf die verwendeten Materialien hin überprüfen. Damit war die „Glassgate"-Affäre ausgelöst, die wie seinerzeit die „Kielgate"-Affäre von 1983 für Aufregung sorgte und auch die Techniker der anderen Syndikate mit hineinzog.

Nach dem Reglement der 12-m-R-Klasse müssen die Rümpfe der Zwölfer nach den Vorschriften und unter Aufsicht von Lloyd's of London gebaut werden. Viele Konstrukteure hatten Kunststoff als Baumaterial erwogen, die Idee aber schließlich verworfen, weil sie sich entweder keine Verbesserung des Verhältnisses von Festigkeit zu Gewicht versprachen oder befürchteten, daß das Okay von Lloyd's zu schwierig zu erlangen sein würde. Ben Lexcen, dafür bekannt, daß er kein Blatt vor den Mund nimmt, ließ sich zu der Äußerung hinreißen, daß „die Verwendung von Fiberglas nur dann sinnvoll ist, wenn man die Klassenvorschriften umgehen und die Rumpfenden leichter bauen will". Letzteres ist natürlich streng verboten.

Für die Amerikaner war es eher eine Frage des Prinzips. „Was viele Leute nicht begriffen haben: Wir wollten keineswegs die Integrität der Neuseeländer in Zweifel ziehen", betonte Dennis Conner. „Vielmehr ging es uns um die Zukunft der Zwölferklasse. Angesichts der Bedeutung des America's Cup schien es uns notwendig, nicht nur die Abmessungen der Rümpfe, sondern auch die Materialstärken routinemäßig zu überprüfen. Andernfalls müssen wir uns früher oder später auf einige Überraschungen gefaßt machen. Die Kunststoffbauweise ist sehr viel differenzierter als die in Aluminium, und das Gewicht der verwendeten Materialien läßt sich ungemein schwerer feststellen. Deshalb haben wir verlangt, daß an

Mit Spannung war das Turnier zwischen den KOOKABURRAS und den anderen australischen Verteidigerinnen erwartet worden. Und wirklich kennzeichneten erbitterte Nahkämpfe jedes Duell zwischen Iain Murrays von Kevin Parry finanziertem Boot und Alan Bonds AUSTRALIA. Die Beziehung zwischen den beiden Perth-Syndikaten wurde von Anfang an durch Streit und Polemik getrübt. Die Fehde eskalierte derart, daß der Royal Perth Yacht Club in einem „Memorandum an die Verteidiger" zur Mäßigung aufrufen mußte.

Schnelle und bewegliche Vordeckleute sind entscheidend für die Manöver in einer Regattaserie wie der um den America's Cup, wo die Perfektion auf die Spitze getrieben wird. Hier das Vorschiff von KOOKABURRA III.

In den Werften wird Tag und Nacht fieberhaft gearbeitet. Die Innovationen bei der Zwölferkonstruktion zwingen die Konkurrenten immer wieder zum Umrüsten während der Regattapausen. Links erhält HEART OF AMERICA ihren so entscheidend verbesserten Kiel.

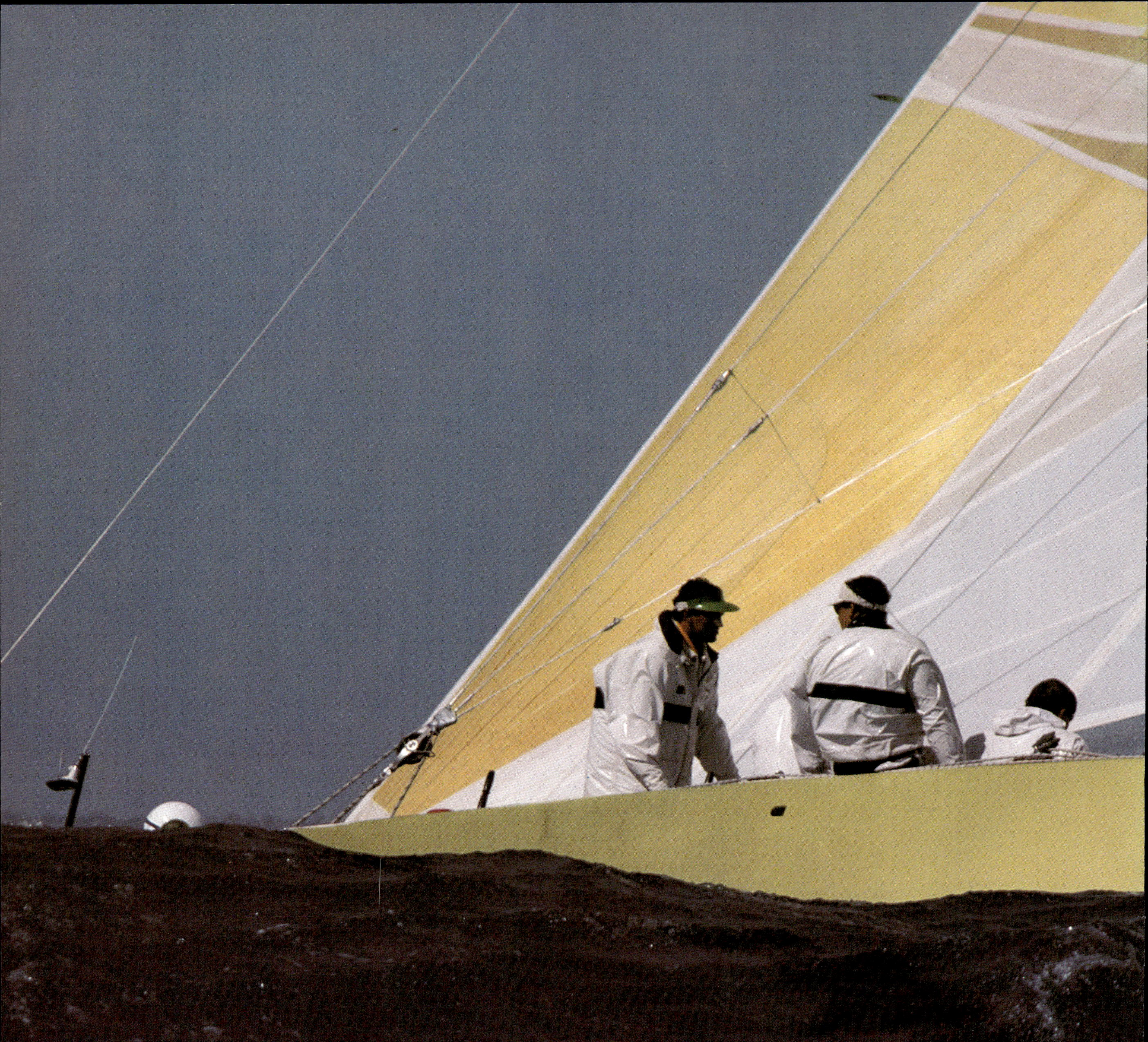

38

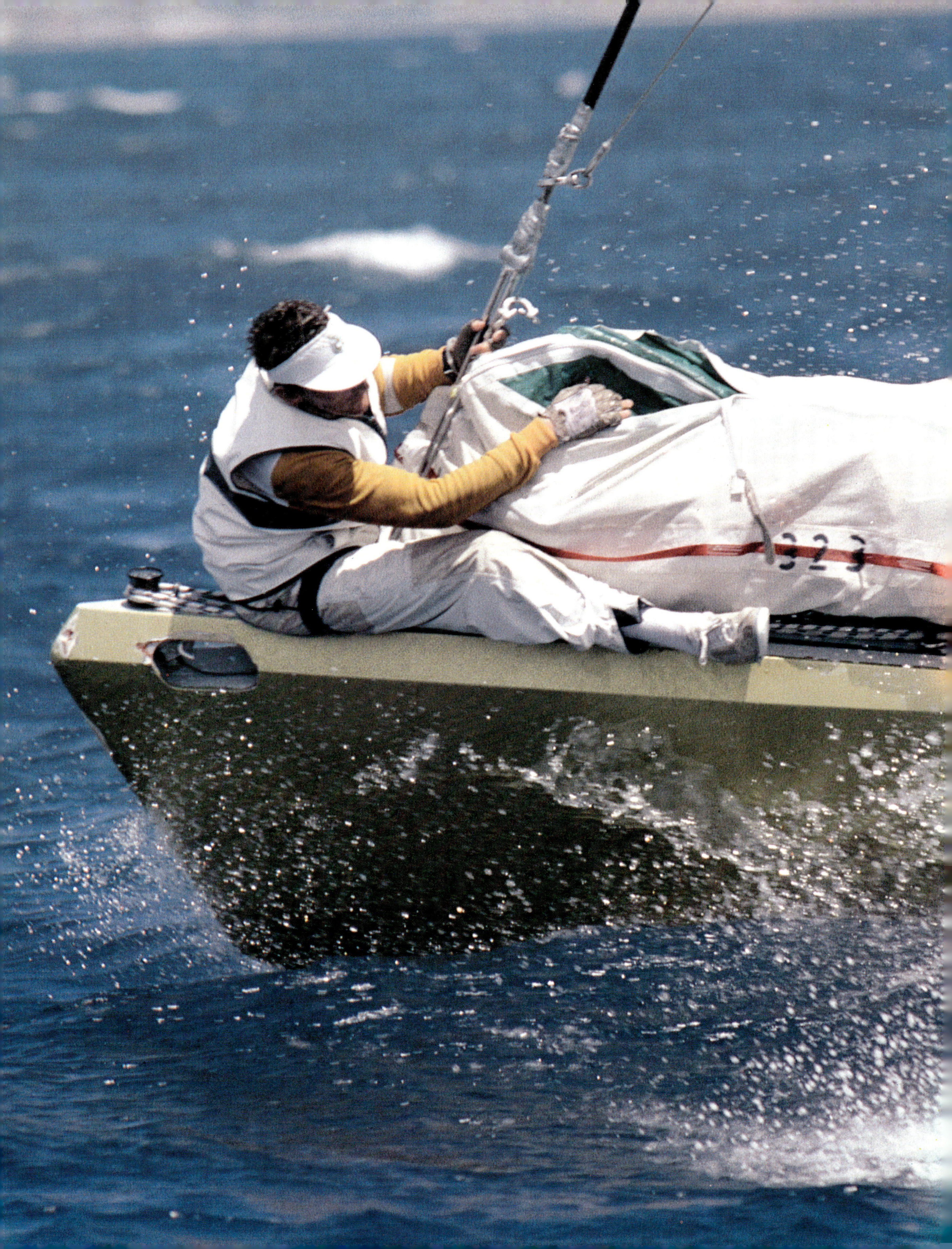
323

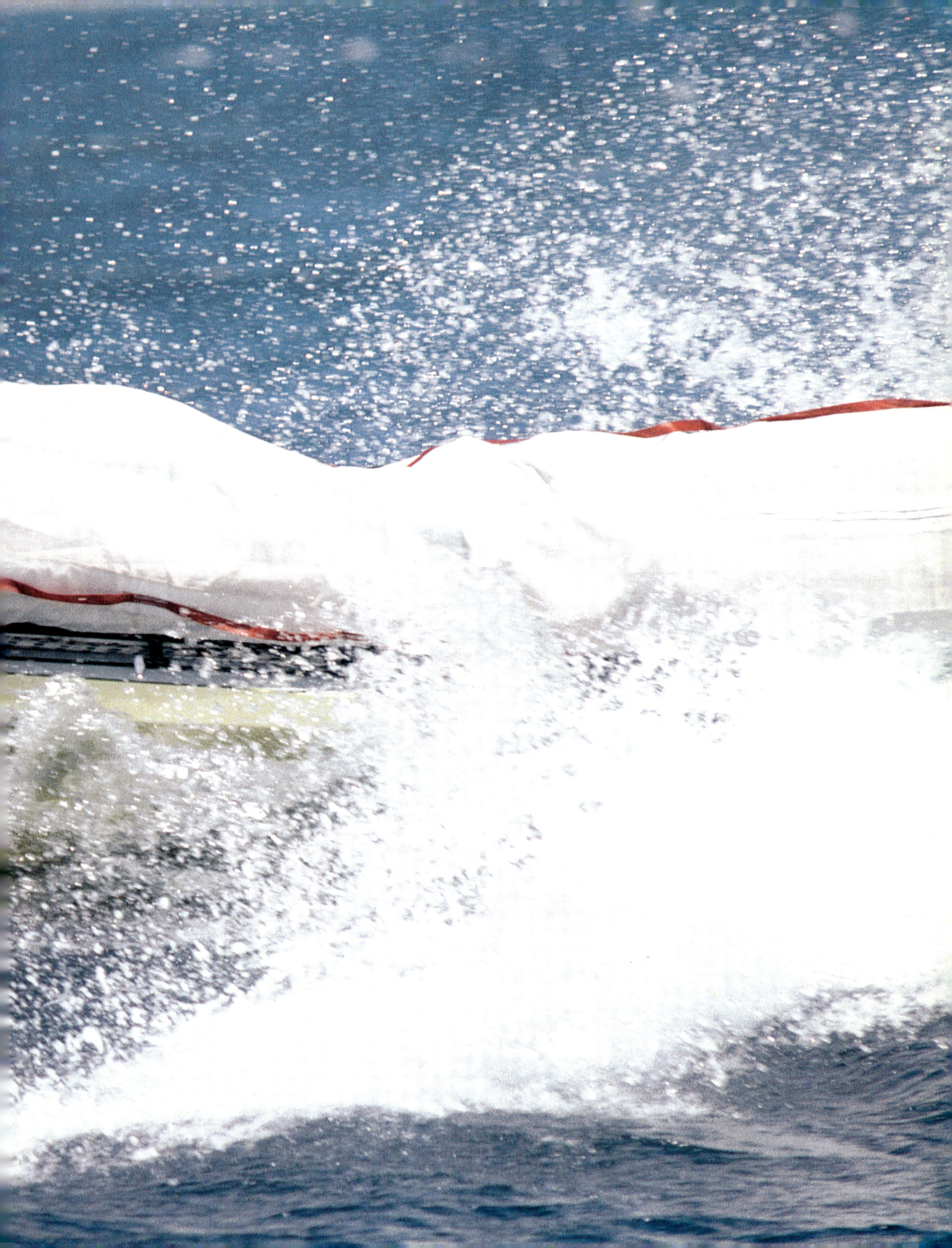

Die spektakulärsten und schwierigsten Momente des Matchrace entstehen beim „crossing" – wenn sich also die Kurse ganz eng kreuzen –, weil aus dieser Situation heraus schnell ein Vorteil gewonnen oder verloren werden kann. So suggeriert diese Aufnahme von CANADA II und FRENCH KISS hier fast eine Kollision.

WHITE CRUSADER im Rennen gegen NEW ZEALAND. Trotz guter Leistungen hatten die Engländer auch bei ihrer 19. Herausforderung keine Chance, den Cup wieder heimzuholen.

Der Eindruck täuscht: Auch eine perfekte Regattatechnik und die ausgezeichnete Crew konnten bei AMERICA II das von Anfang an bestehende Geschwindigkeitsmanko nicht wettmachen.

Für die letzten Rennen der Verteidigerqualifikation wurde STEAK N' KIDNEYS Kiel umgebaut. Von da an war sie eine gefährliche Konkurrentin, die selbst höher eingestufte Boote halten oder schlagen konnte.

ITALIA I in einem der Ausscheidungsrennen. Ihre Nachfolgerin auf dem Zeichenbrett von Giorgetti & Magrini, ITALIA II, kam wegen eines verunglückten Stapellaufs zu spät ins Wasser und deshalb nicht mehr zum Regatta-Einsatz. Dabei wäre es interessant gewesen, das Abschneiden dieser avantgardistischen Konstruktion unter den schwierigen Bedingungen vor Fremantle zu beobachten. ▶

verschiedenen Stellen des Rumpfes Materialproben entnommen werden sollten. Sonst werden am Ende immer raffiniertere und teurere Bautechniken angewandt, was meiner Ansicht nach abträglich für die Zukunft des Cups wäre. Und nun zur Frage der Integrität: Bei Kunststoff werden Verstöße gegen die Formel sehr viel leichter fallen als bei Aluminium."

Die Neuseeländer weigerten sich sofort rundheraus, ihr Schiff dieser Prüfung zu unterziehen, und die Diskussion eskalierte zu einer Schlammschlacht zwischen den Teams von STARS & STRIPES und KIWI MAGIC. Sie wurde von den Massenmedien noch angeheizt, denen es bei dem Streit mehr um Schlagzeilen ging als um die Grundregeln eines korrekten Wettkampfs.

Die Affäre „Glassgate" schien ein für allemal bereinigt, als sich Anfang Oktober eine vom Challenger of Record einberufene Versammlung der Herausforderer mehrheitlich darauf einigte, die Erklärung der Lloyd's-Gutachter, die den Bau von KZ 7 überwacht hatten, zu akzeptieren. Der Befund des Plenums lautete, daß alles völlig legal zugegangen sei; Conners Vorwürfe wurden zurückgewiesen.

In der Praxis aber sickerte die neu aufgeflammte Polemik bald in die Fachpresse ein und heizte weiterhin Zweifel und voreilige Schlußfolgerungen an. Daran konnte auch die Erklärung des neuseeländischen Konstrukteurs Bruce Farr nichts mehr ändern, daß „die Bauweise in Kunststoff nichts revolutionär Neues ist. Das einzige Novum ist die Tatsache, daß wir das Lloyd's-Zertifikat für den Bau eines Zwölfers aus GFK erlangt haben. Die Rumpfkonstruktion, die wir verwirklicht haben, stimmt völlig mit den Vorschriften von Lloyd's überein. Daran ist nichts illegal, und ich bin überzeugt, auch die Amerikaner wissen das. Ich sehe darin eher eine Taktik, das Team, das sie am meisten fürchten, mit einem Nervenkrieg zu überziehen."

Bereits nach wenigen Regattatagen spalteten sich die Herausforderer in drei deutlich zu unterscheidende Gruppen. Die erste Gruppe, zu der Neuseeland und Sail America gehörten, wurde in ihrer Überzeugung bestätigt, daß sie die bestmögliche Vorarbeit geleistet hatte. Die zweite mit AMERICA II, WHITE CRUSADER, FRENCH KISS, ITALIA und vielleicht HEART OF AMERICA konnte sich noch steigern und würde dies auch tun müssen, wenn sie die Semifinals erreichen wollte. Und drittens gab es die Schlußlichter wie CHALLENGE FRANCE, AZZURRA und COURAGEOUS, die nur noch ganz geringe oder gar keine Chancen mehr hatten.

Italien im Abseits

Die ersten Rennen bestätigten auch die bekannte Tatsache, daß schon die Schwäche auf einem Teilsektor – Finanzen, Technik, Crew oder Organisation – genügt, um alle Anstrengungen auf den anderen Gebieten zunichte zu machen. Es mag übertrieben klingen, aber schon am Abend des ersten Regattatages hörte man sowohl bei Herausforderern wie auch bei Verteidigern die Frage, ob das Ganze den hohen Einsatz an Energie, Zeit und Geld überhaupt wert sei. Typisch dafür war die mißlungene Kampagne von AZZURRA und ihrem Team. Am Ende der ersten Vorrunde lag sie auf dem zwölften Platz und hatte – genau wie COURAGEOUS – nur einen Punkt erzielt. Für dieses magere Ergebnis war ein Budget von 14 Millionen US-Dollar eingesetzt worden: als Sparringpartner die beiden Zwölfer aus Newport-Zeiten, AZZURRA I und FREEDOM, und drei neue

69

Schiffe, AZZURRA II, III und IV, gebaut zwischen 1985 und 1986. Skipper Mauro Pelaschier, zunächst gefeuert und dann wieder zurückgeholt, zog folgendes Fazit: „Hier stehen wir am Vorabend der wichtigsten Ausscheidungsrennen und haben nur ein paar verschwommene Ideen und ein Schiff, zu dem wir kein Vertrauen besitzen... Wer so schlecht vorbereitet in eine Regatta geht, kann nicht einmal das Gesicht seines Gegners erkennen. Das ist kein Matchrace, das ist ein moralisches Massaker."

Welche Fehler hatten zu diesem Desaster geführt? „Mit Sicherheit gab es Versäumnisse in der Planungsphase", stellte Riccardo Bonadeo fest, der Vorsitzende des Consorzio Azzurra. „Trotz der Erfahrungen von 1983 konnten wir den technischen Anschluß nicht wahren." Dabei war AZZURRA schon von Januar bis März 1985 in Australien gesegelt, wo sie inoffizielle Vergleichswettfahrten mit AMERICA II/US 42 und mit KOOKABURRA I absolvierte. Und die neue AZZURRA II hatte an der Weltmeisterschaft vor Fremantle teilgenommen. Trotz dieser guten Voraussetzungen, die auch für AMERICA II galten, konnte man sich nicht darauf einigen, welches das ideale Schiff für diese Regatta war.

Von den anderen kamen einige – wie Conner und Blackaller – der Sache schon näher. Sie hatten es für sinnlos erachtet, Boote ans andere Ende der Welt zu transportieren, die nicht mehr waren als vorsichtige Weiterentwicklungen bereits bekannter Konstruktionen. Nach der ersten Vorrunde stand fest, daß solche Teams kaum Chancen besaßen, die es nicht verstanden hatten, innovative Ideen zu analysieren und in die Praxis umzusetzen; ebenso erging es jenen, die übersehen hatten, wie radikal der Sieg von AUSTRALIA II in 83 alle traditionellen Ansätze in der Zwölferkonstruktion entwertet hatte.

Mit harten Bandagen

Selbst bei den schwierigen Wetter- und Seegangsbedingungen vor Fremantle blieb das Schiff der entscheidende Faktor. Zwar war die Leistung der Crew ebenso wichtig wie die Qualität der Besegelung und die taktischen Entscheidungen, aber bei den geringen Unterschieden auf derart hohem Leistungsniveau durfte niemand hoffen, mit einem langsamen Schiff Erfolge erzielen zu können. Die gleichen Sorgen hatten auch jene Teams, die als die erfahrensten galten. So sahen sich

Meistersegler Marc Pajot errang nach seinen Erfolgen in einigen olympischen Klassen und bei Transatlantikrennen mit Multimaxis nun auch in der Zwölferszene verdiente Anerkennung.

Weil die Rennen draußen auf See nur unter Schwierigkeiten zu beobachten waren, wurde ein aufwendiges Pressezentrum eingerichtet, wo die Journalisten das America's-Cup-Spektakel live und in Aufzeichnungen verfolgen konnten.

Der Bordcomputer liefert der Crew auf Monitoren und Digitalanzeigen an verschiedenen Stellen im Boot alle wichtigen Daten, unter anderem über Windstärke und -richtung sowie über die augenblickliche Leistung im Vergleich zum Optimum. ▶

Ende Oktober einige Verteidiger ebenfalls gezwungen, mehr oder weniger schwerwiegende Geschwindigkeitsprobleme zu lösen.

Ähnlich wie die Herausforderer konnten auch die Verteidiger aus den ersten Rennen wichtige Schlußfolgerungen ziehen. Sie fielen für KOOKABURRA II und III entschieden günstiger aus als für AUSTRALIA III und IV. Die neue AUSTRALIA IV schnitt zwar nicht sensationell gut ab, konnte sich aber behaupten. AUSTRALIA III jedoch, die regierende Weltmeisterin, schaffte es nur mit Mühe, SOUTH AUSTRALIA und STEAK N' KIDNEY zu schlagen. In den Prognosen rückte Iain Murray auf den Platz des Favoriten vor, während Alan Bond zwar erklärte, „noch ist es nicht an der Zeit, auf den Panikknopf zu drücken", sich aber bereits eine Rückzugsmöglichkeit zurechtlegte, die ihm und seinem Team einen Gesichtsverlust ersparen sollte, falls es zum Schlimmsten kam. Er erklärte sich bereit, „notfalls jedwede radikale Intervention zu unterstützen", und fügte hinzu, daß er „zur Zusammenarbeit mit dem Taskforce-Syndikat willens sei und ihm seine Schiffe und erfahrenen Leute zur Verfügung stellen werde, sollte sein Team in der Endausscheidung geschlagen werden".

In den Lagern der Herausforderer wie der Verteidiger wurden für die Umrüstung der Schiffe während der Regattapausen Notfallpläne aufgestellt. Die Werften arbeiteten in dieser Zeit rund um die Uhr, Tag und Nacht. Vor den Starts zur zweiten Vorrunde verlangten fast alle Herausforderer eine Nachvermessung, was darauf schließen ließ, daß sie umgerüstet hatten, ob nun den Trimm, den Rumpf, den Kiel oder die Kielflügel. Deshalb war leicht vorherzusagen, daß zwischen den Booten, die an den Wettfahrten im Oktober teilgenommen hatten, und jenen, welche die Endausscheidungen im Januar erreichten, ein großer Qualitätssprung stattfinden würde. Dies traf besonders auf solche Gruppen zu, die ihre Tests in den Schlepptanks von Wageningen oder Escondido weiterlaufen ließen.

Das Schiff wechseln?

Zu Beginn der zweiten Vorrunde hatten drei Konkurrenten — NEW ZEALAND, AMERICA II und STARS & STRIPES — jeweils elf Punkte vorzuweisen. Danach folgten WHITE CRUSADER und USA mit acht, ITALIA mit sieben, CANADA II mit sechs, FRENCH KISS mit fünf, HEART OF AMERICA mit vier, CHALLENGE FRANCE mit zwei und AZZURRA sowie COURAGEOUS mit je einem Punkt. In dieser zweiten Runde brachte jeder Sieg fünf Punkte, deshalb war noch alles — oder fast alles — drin, obwohl die großen Überraschungen erst in der dritten Vorrunde kommen würden, wo jeder Sieg zwölf Punkte wert war.

Keiner der Herausforderer entschied sich für ein Auswechseln seines Schiffes. Im Grunde hatten die meisten diese Möglichkeit nie ernsthaft erwogen, weil sie wie die Neuseeländer und die Amerikaner davon überzeugt waren, daß sie zur Wahl der ersten Stunde stehen mußten. Selbst die Briten und die Italiener, deren Schiffe in der ersten Vorrunde nicht gerade vielversprechend abgeschnitten hatten und denen jüngerer und radikalerer Ersatz zur Verfügung stand, optierten gegen einen Wechsel. Harold Cudmore war sich seiner Sache offenbar ganz sicher und blieb eisern bei der von Howlett entworfenen CRUSADER. Die Alternative, das von Hollom gezeichnete Boot, schien noch nicht ausgereift genug. Wer hätte auch den Mut gehabt, die acht bereits erkämpften Punkte aufzugeben, die einem und einem halben Sieg in der kommenden Zwischenrunde entsprachen? Da schien es klüger, sich auf die Umrüstung Ende November zu verlassen und in der Zwischenzeit bei der zweiten CRUSADER einen neuen Kiel auszuprobieren.

Das Team von Consorzio Italia verhielt sich ähnlich, blieb ITALIA I treu und setzte für das Ende der zweiten Vorrunde eine Umrüstung aufs Programm. Diese Entscheidung hatte sicherlich die meiste Logik für sich. „ITALIA II wurde spät fertig", erläuterte Steuermann Tommaso Chieffi, „und sie mußte schon im September wieder modifiziert werden, bevor sie für einige wenige Tage ins Wasser ging. Wegen der knappen Vorbereitungszeit hatten wir wenig Gelegenheit, das Schiff richtig kennenzulernen. Jetzt alles auf sie zu setzen, wäre ein Wahnsinn gewesen."

Aus für AZZURRA

Selbst das Azzurra-Team, das nur einen Punkt zu verlieren hatte, brachte nicht den Mut auf, mit AZZURRA IV anzutreten. Dabei war es gerade dieses Schiff gewesen, das ihr Projektleiter im Frühling zuvor noch die „Trumpfkarte" des Syndikats genannt hatte. In der Panik nach dem schlechten Abschneiden bei der Weltmeisterschaft entschied sich Cino Ricci, damals noch AZZURRAS Skipper, für ein kleines und leichtes Schiff, wodurch er sich als unfähig erwies, die richtigen Schlüsse aus den Ereignissen auf der Regattabahn zu ziehen. So entstand AZZURRA IV, der kleinste und leichteste Neubau aller in Fremantle versammelten Zwölfer. Die Konstruktionszeichnungen für AZZURRA III, die kurz vor der Verwirklichung stand, wurden in die gleiche Richtung modifiziert. So sah der Stand der Dinge Ende Oktober im Consorzio Azzurra aus, und die Quittung dafür war, daß sich keine der beiden AZZURRAS als stark genug erwies. Zwar sollte sich erst später herausstellen, welcher Schiffstyp die Oberhand gewinnen würde, doch begann sich schon abzuzeichnen, daß es sich um mittelgroße Typen handeln mußte, konstruiert für Windgeschwindigkeiten um 20 bis 22 Knoten und grobe See, die bei Bedarf leichten Wetterverhältnissen angepaßt werden konnten — und nicht umgekehrt. Diese Boote mochten zwar bei glatter See das eine oder andere Rennen verlieren, zeigten jedoch ihr volles Potential, wenn die Bedingungen haariger wurden. Wer wie Johan Valentijn, der Konstrukteur von EAGLE, das Klein-und-Leicht-Prinzip, das AUSTRALIA II seinerzeit in Newport zum Erfolg verhalf, auch für Fremantle extrem ausgenutzt hatte, mußte jetzt feststellen, daß ihm kaum noch Handlungsspielraum blieb.

Die Rennen der zweiten Vorrunde brachten keine großen Überraschungen, abgesehen davon, daß sie bei weniger Wind stattfanden als erwartet.

Von den Vordeckleuten wird beim Spi-Wechsel manchmal akrobatisches Können verlangt. Hier die Luftakrobaten von EAGLE (unten) und AUSTRALIA IV (gegenüberliegende Seite).

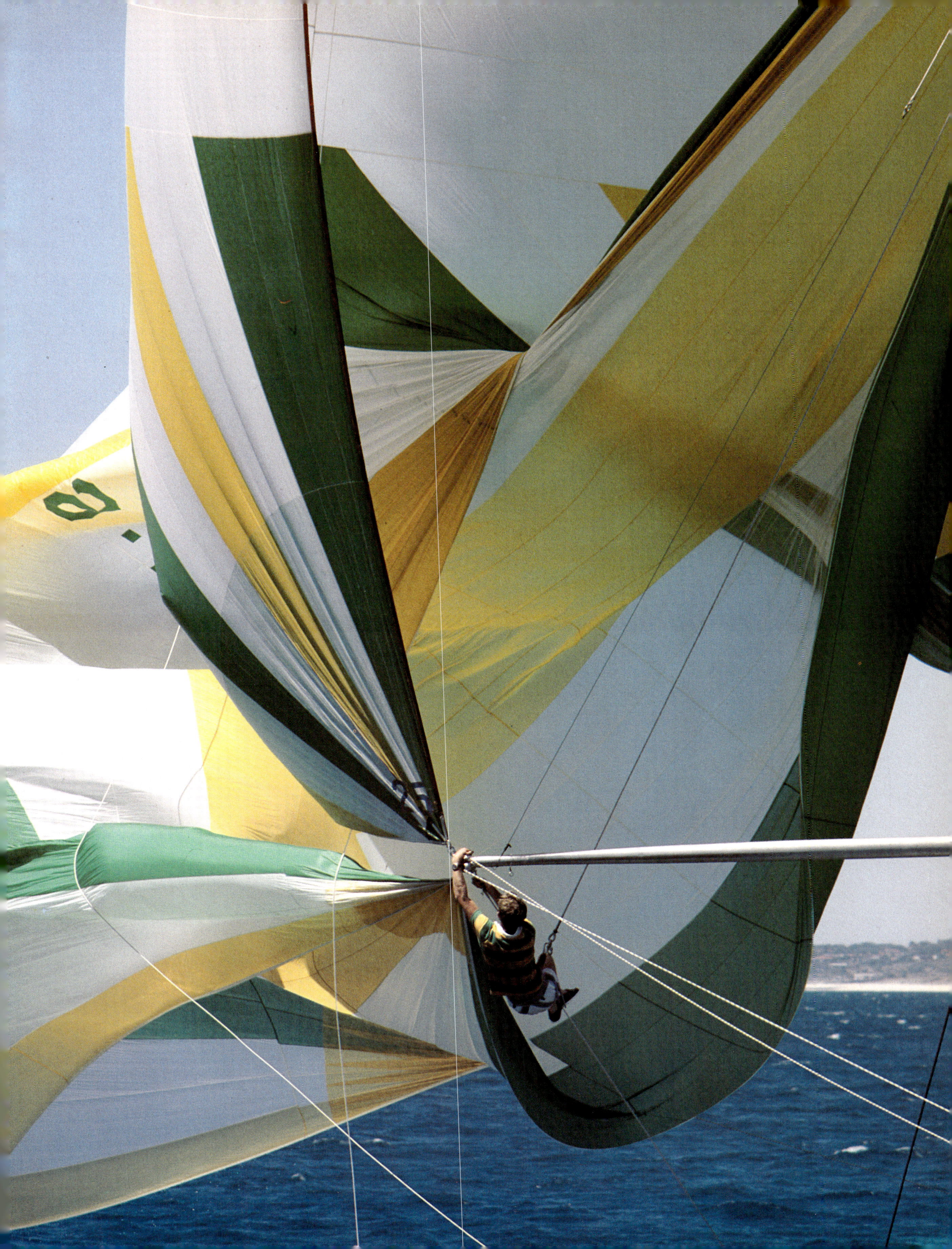

Dies benachteiligte natürlich jene Schiffe, die für den Fremantle Doctor vorbereitet waren. Auf diese Weise verlor Conner vier Rennen, wogegen KIWI MAGIC, offenbar vielseitiger als STARS & STRIPES '87, alle 55 möglichen Punkte einkassierte. Das Team von AMERICA II hielt mit neun Siegen eine sichere Position, obwohl das Schiff selbst keinen nachhaltigen Eindruck hinterließ. Die Spezialisten der anderen Syndikate bezeichneten es auch weiter als durchschnittlich. Immerhin lag Kolius am Ende der zweiten Vorrunde an zweiter Stelle und strahlte nach wie vor Zuversicht aus.

Ein Sprung nach oben

FRENCH KISS machte in der Punktliste einen großen Sprung und kam vom achten auf den vierten Platz. Marc Pajot war überzeugt, daß er das Halbfinale erreichen würde, legte sich aber für die fernere Zukunft lieber noch nicht fest. Er meinte lediglich: „Den Louis-Vuitton-Cup zu gewinnen – das heißt, wirklich ins Finale gegen die Australier zu kommen – halte ich für schwieriger, als den America's Cup selbst zu erringen." Nach Ansicht von Philippe Briand, dem Konstrukteur der FRENCH KISS, war eine der größten Stärken seines Teams die Fähigkeit zu Analyse und Selbstkritik. Für die Richtigkeit dieser Beobachtung spricht auch die Bereitschaft der französischen Segler und Techniker, sich nach jedem Rennen gut zwei Stunden lang zur Manöverkritik zusammenzusetzen. Mit einem Punkt Abstand rutschte WHITE CRUSADER vom vierten auf den fünften Platz, aber ihr Team blieb optimistisch. Neue und längere Flügel standen zum Anbau an den Kiel bereit. Bei Beginn der zweiten Vorrunde waren Haupt- und Canardruder bei USA ausgetauscht worden, und obwohl ihre Leistungen weiterhin sehr erratisch blieben, setzte sich doch ein Aufwärtstrend durch. Das Potential des radikalsten Boots der Flotte war immer noch eine unbekannte Größe. Chris Dickson meinte spitz: „Blackaller, der im Oktober segeln lernen mußte und im November manövrieren, kann jetzt endlich anfangen, Rennen zu fahren." Die Chancen, daß CANADA II und EAGLE noch das Halbfinale erreichen würden, standen sehr schlecht, denn beide Schiffe schienen an ihren Grenzen angelangt zu sein. ITALIA I fiel auf den achten Platz zurück und ging für die geplante Umrüstung in

Die amerikanischen Proteste gegen Art und Stärke der bei KIWI MAGIC verwendeten GFK-Materialien – die sogenannte Glassgate-Affäre – konnten die Neuseeländer nicht anfechten. Unbeirrt kassierten sie auf ihrem Weg ins Halbfinale der Herausforderer einen Sieg nach dem anderen.

Die Briand-Konstruktion FRENCH KISS (Vordergrund) beim Vorwind-Duell mit EAGLE.

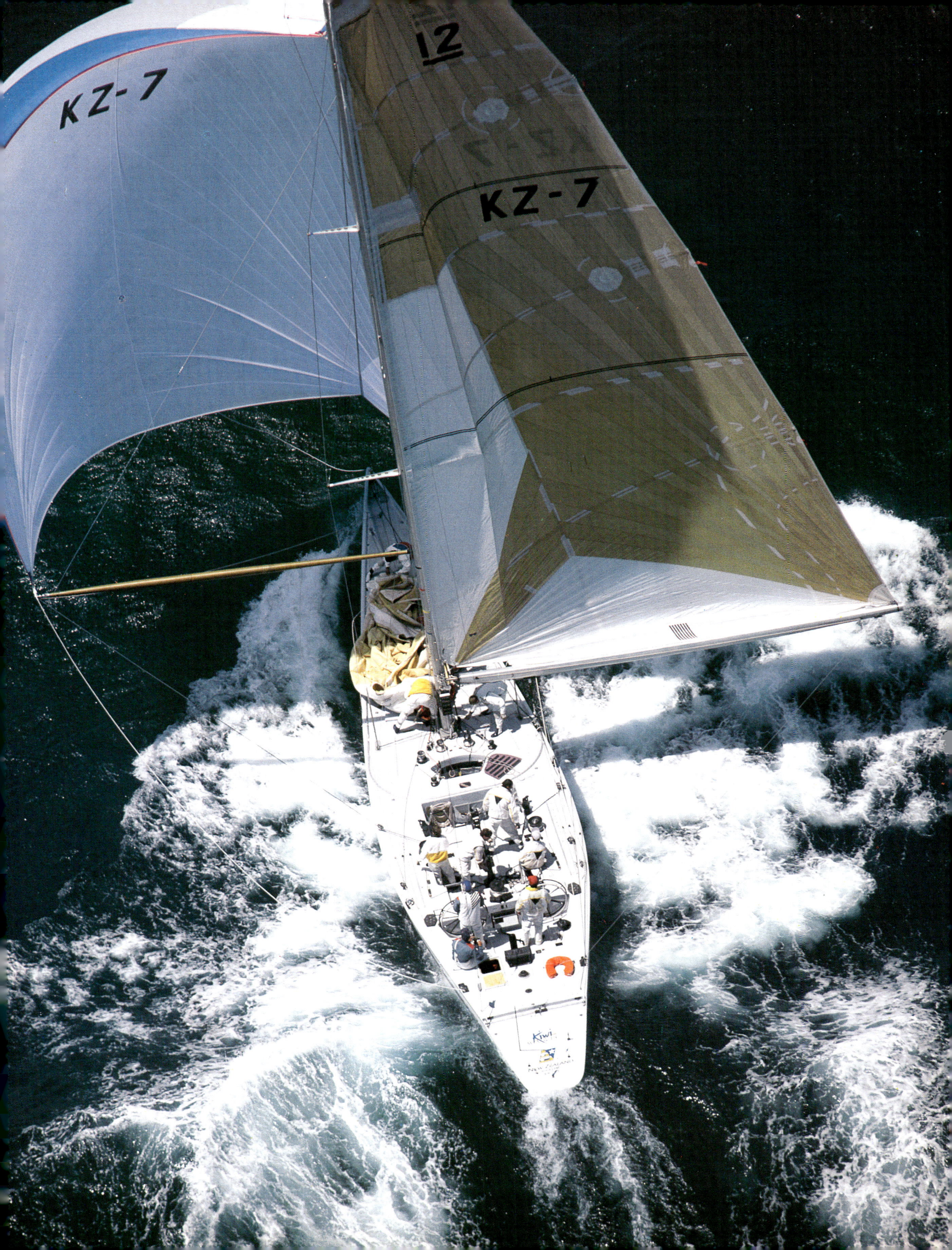
KZ-7
12
KZ-7
Kiwi

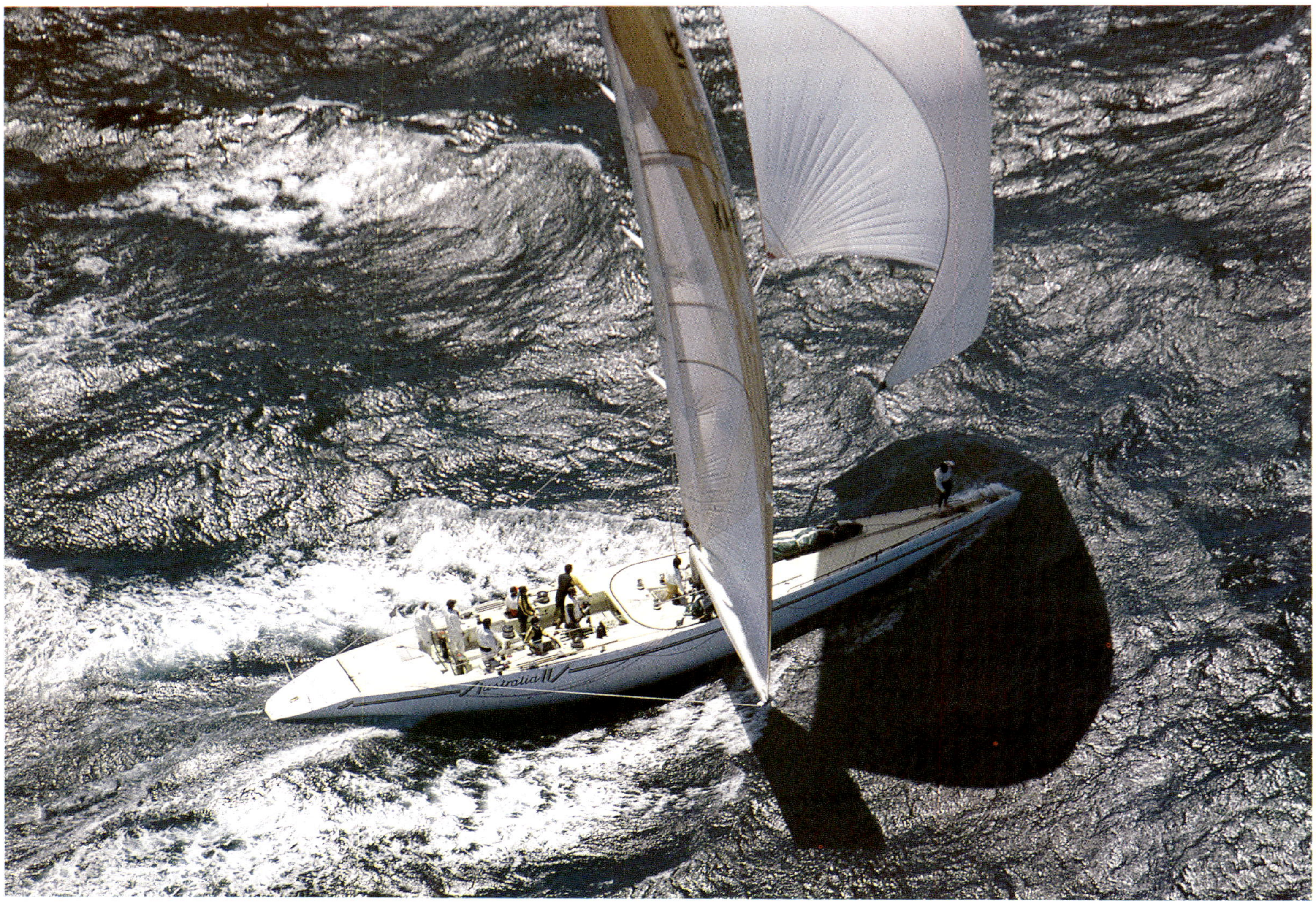

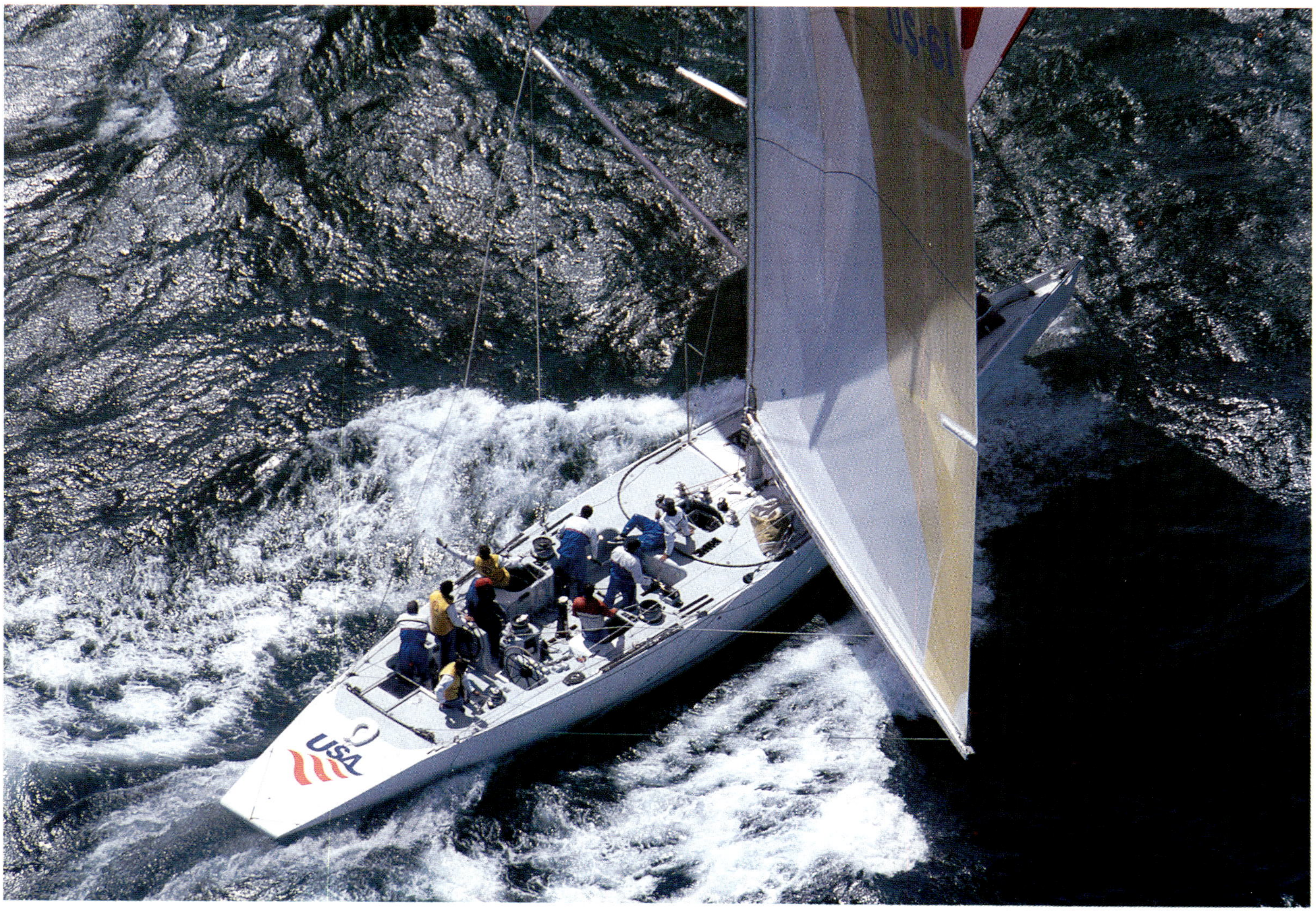
USA

77

Alan Bonds Syndikat konnte trotz seiner Erfahrungen beim Cupgewinn 1983 diesmal mit AUSTRALIA IV (linke Seite oben) nicht alle Erwartungen erfüllen; das Schiff kam in den Qualifikationsrennen der Verteidiger manchmal nur mit Mühe eine Runde weiter. ◀

Tom Blackallers USA ist eine revolutionäre Konstruktion mit einem zweiten Ruder vorn. Deshalb mußte er in der ersten und zweiten Vorrunde erst lernen, sein Boot gekonnt zu manövrieren. Nach diesen Anfangsschwierigkeiten schlug er sich so erfolgreich, daß er das Halbfinale um den Louis-Vuitton-Cup erreichte. ◀

Der Nutzen baulicher Veränderungen an HEART OF AMERICA (rechte Seite oben) zeigte sich in der dritten Vorrunde der Herausforderer. Das bekam schmerzlich AMERICA II zu spüren, die durch ihre Niederlage gegen das Boot aus Chikago wertvolle Punkte verlor und deshalb vor dem Halbfinale ausschied. ◀

STARS & STRIPES marschiert, getragen von einer effektiven Kampagne, zügig voran auf dem Weg ins Halbfinale der Herausforderer. ◀

In den Ausscheidungsrennen konnte das AZZURRA-Syndikat seinen Erfolg von Newport 83 vor allem wegen des Planungsdefizits nicht wiederholen. Erst am Ende der dritten Runde verbesserte sich das Schiff des Yacht Club Costa Smeralda nach einigen Umbauten am Kiel.

die Werft. HEART OF AMERICA wurde durch den Anbau sehr breiter Kielflügel einschneidend verändert, wodurch ihre Amwindeigenschaften verbessert werden sollten. Die gleiche Kur wurde auch STEAK N' KIDNEY verordnet, so daß beide Boote mit deutlich besseren Aussichten in ihre jeweils dritten Runden gehen konnten, besonders falls diese bei mittleren bis schwierigen Wetterverhältnissen stattfinden sollten. Dann würde nämlich die wegen der größeren benetzten Fläche unvermeidliche Erhöhung des Reibungswiderstandes weniger ins Gewicht fallen.

Alan Bonds Geheimwaffe

Nach der zweiten Qualifikationsserie der Verteidiger führte KOOKABURRA III auch weiterhin vor AUSTRALIA IV und KOOKABURRA II. AUSTRALIA III lag auf dem vierten Platz, deshalb beschloß Bonds Gruppe, ihre Anstrengungen ganz auf das jüngere Boot zu konzentrieren und dafür aus beiden Teams eine Mannschaft der Besten zusammenzustellen. AUSTRALIA III wurde aus dem Wettkampf zurückgezogen und für ihre neue Rolle umgerüstet: als Sparringspartner und Versuchskaninchen für alle Modifikationen, die in Zukunft vielleicht bei AUSTRALIA IV nötig wurden. Mittlerweile verschwand Ben Lexcen wieder einmal nach Wageningen, obwohl als sein Flugziel offiziell London angegeben wurde. Er kehrte erst am Ende der dritten Qualifikationsrunde zurück, aber da hatte KOOKABURRA III ihren Führungsabstand zu AUSTRALIA IV bereits weiter ausgebaut. Außerdem mußte er erfahren, daß STEAK N' KIDNEY es mit ihren neuen Kielflügeln geschafft hatte, KOOKABURRA II zu schlagen, und daß sie KOOKABURRA III in einem besonders engen Matchrace nur ganz knapp unterlegen war. Das wäre im Oktober noch undenkbar gewesen.

Als Lexcen auf Perths neuem Flughafen landete, der eigens für das Cup-Spektakel gebaut worden war, trug er einen Aktenkoffer, der offenbar ein streng gehütetes Geheimnis verbarg. Dieser Koffer löste sofort wilde Spekulationen aus. Manche behaupteten, er enthielte Pläne für einen neuen Fensterkiel, andere tippten auf ein Canard-Rudersystem, aber alle waren sich darin einig, daß es eine drastische Lösung der Geschwindigkeitsprobleme sein mußte, die AUSTRALIA IV zu schaffen machten.

Noch eine Überraschung

Bei Lexcens Rückkehr war auch die dritte Vorrunde für den Louis-Vuitton-Cup der Herausforderer beendet. STARS & STRIPES '87 stand in der Werft, die ihr Sparringspartner STARS & STRIPES '85 gerade verlassen hatte; wie es offiziell hieß, waren Probleme mit dem Farbanstrich aufgetreten. Auch FRENCH KISS war in der Werft und sollte völlig verändert daraus hervorgehen. Wieder einmal schufteten die Werftarbeiter Tag und Nacht.

Zur selben Zeit brachen acht andere Syndikate ihre Lager ab und verstauten die Ausrüstung in Containern. Für sie war das australische Abenteuer bereits zu Ende. Der Punktstand spricht eine deutliche Sprache: NEW ZEALAND mit 198 Punkten, STARS & STRIPES mit 154, USA mit 139 und FRENCH KISS mit 129 waren die Schiffe, die sich im Halbfinale messen würden.

Alle anderen – AMERICA II mit 128, WHITE CRUSADER mit 115, ITALIA mit 99, HEART OF AMERICA (85), CANADA II (79), EAGLE (48), AZZURRA (23) und CHALLENGE FRANCE (2) – waren ausgeschieden.

79

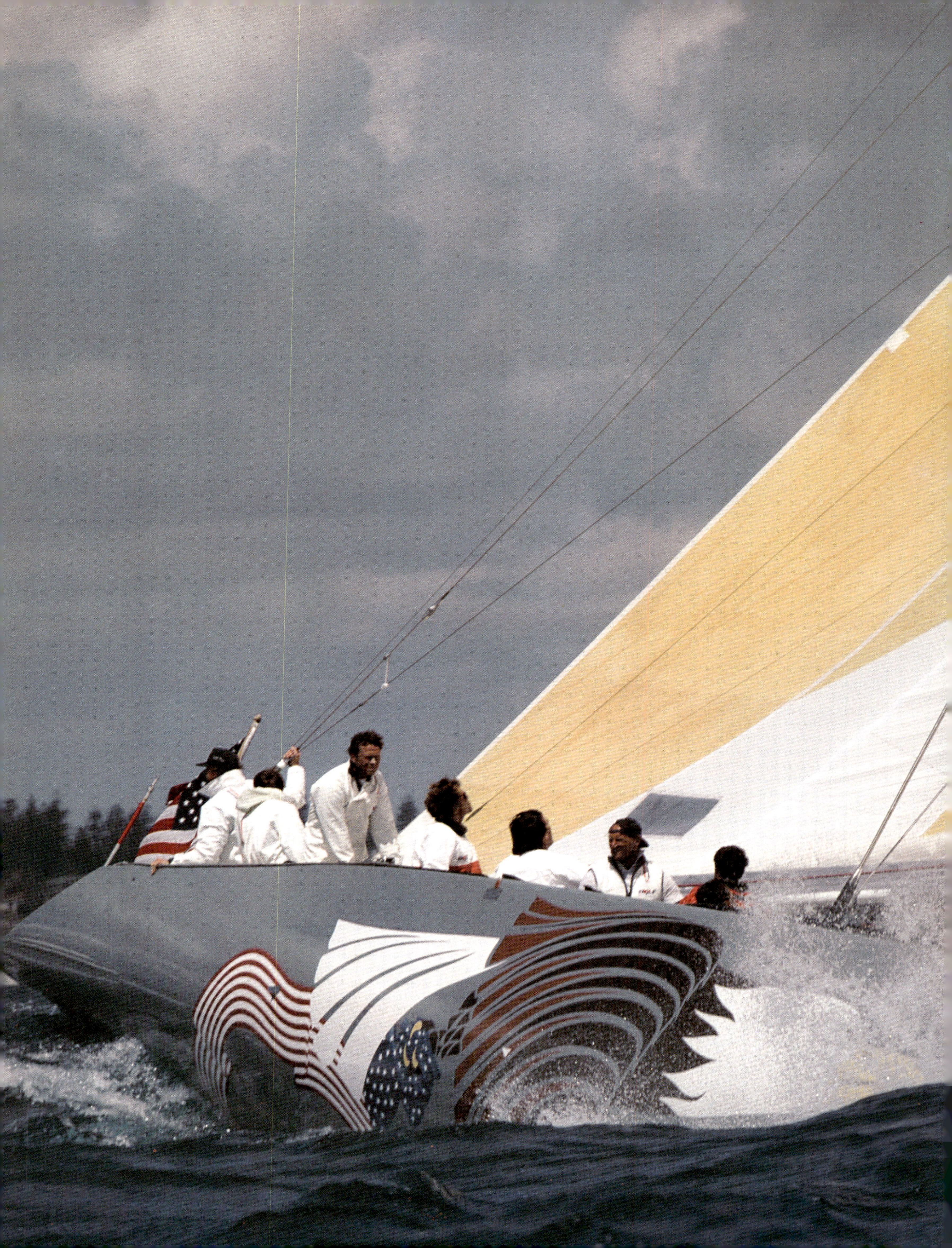

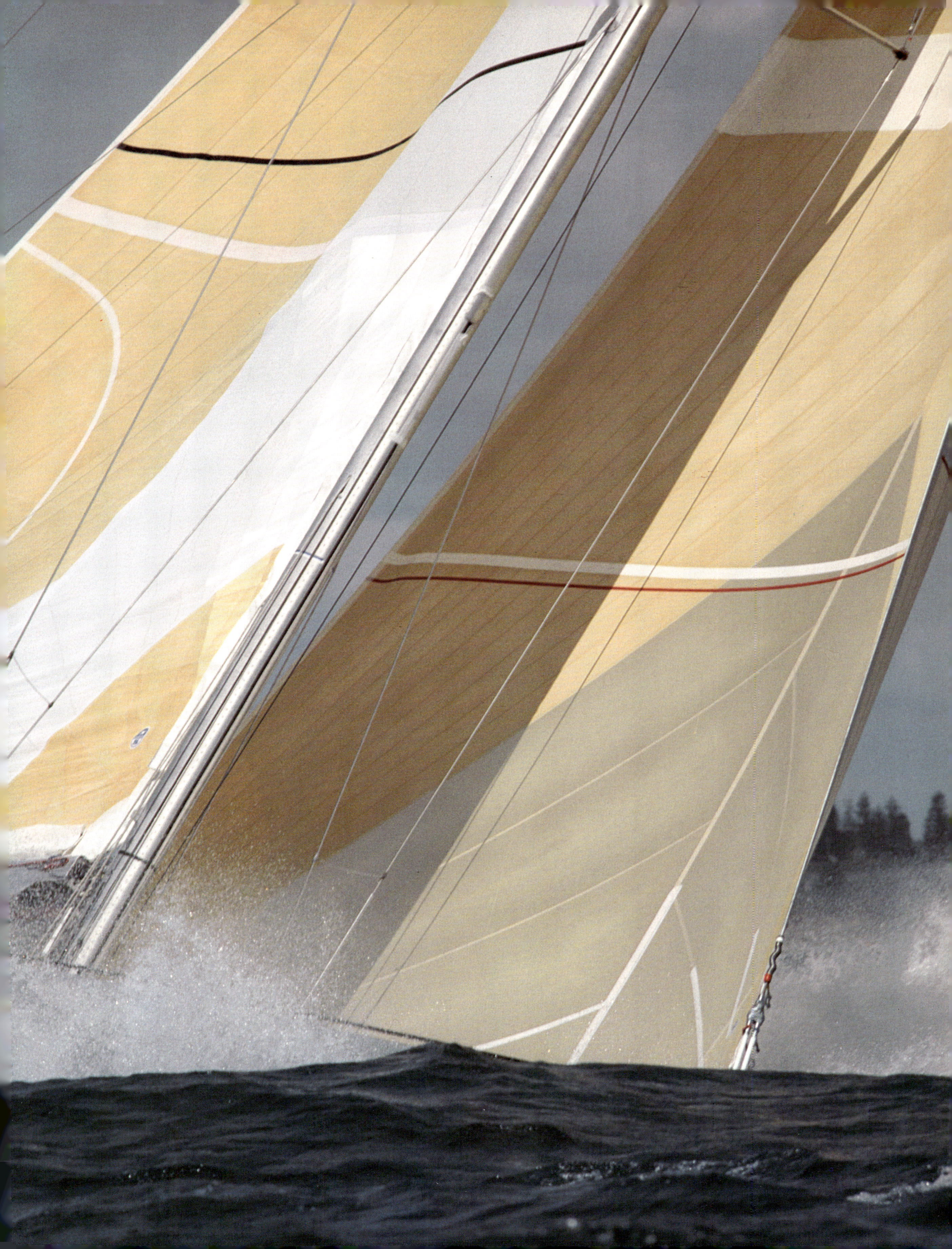

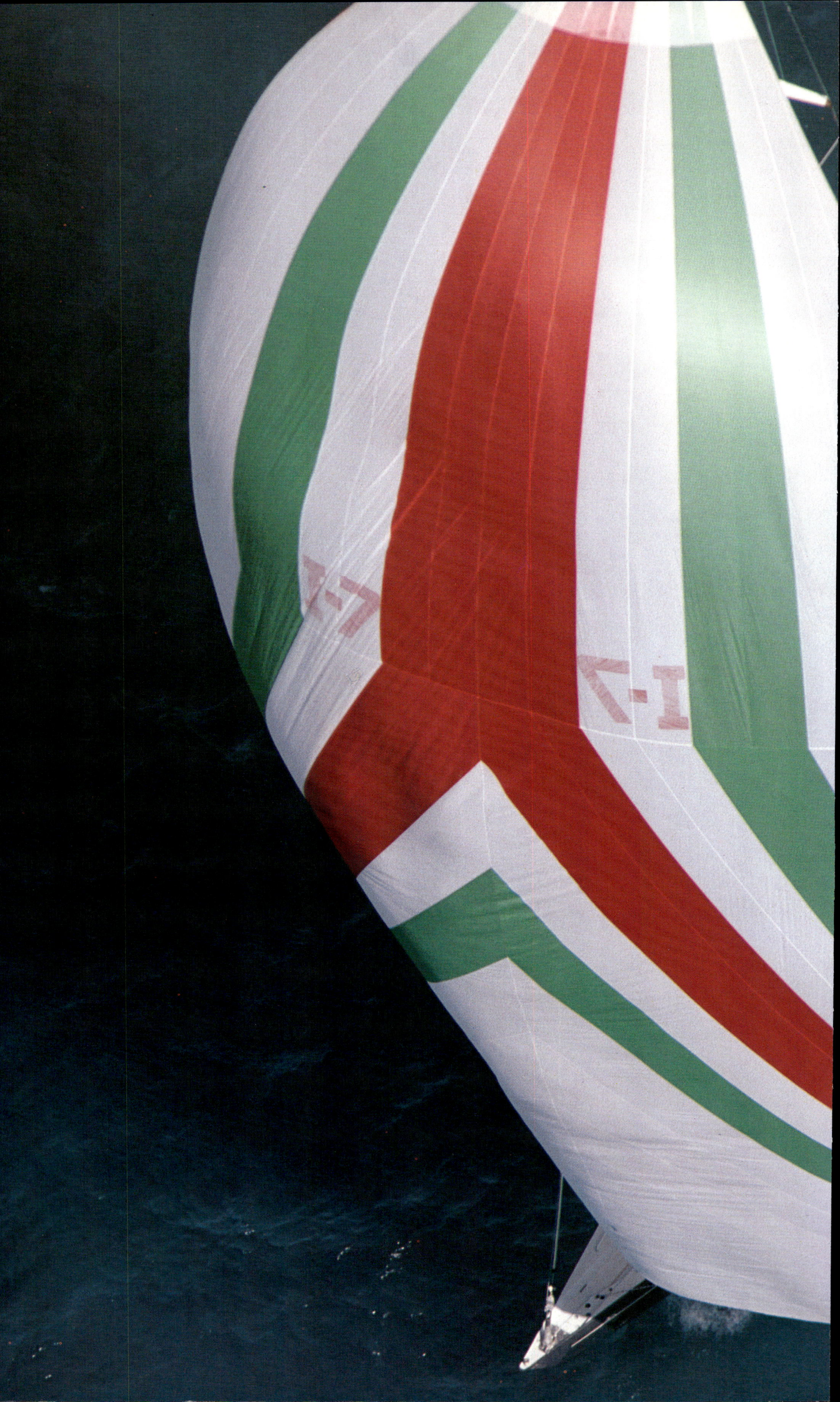

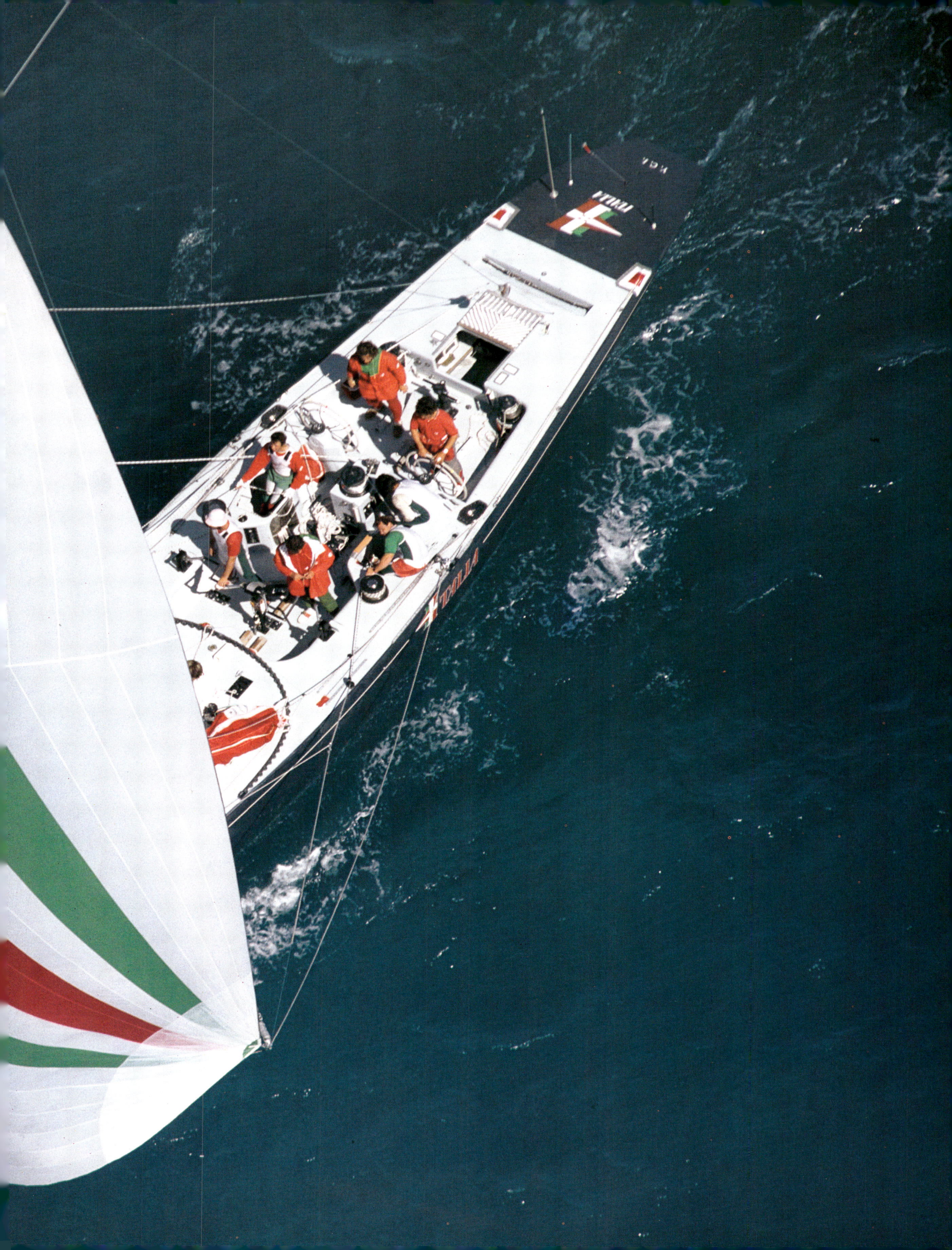

Auch AMERICA II mußte die Szene verlassen. Das Können von John Kolius und seiner Crew, jahrelanges Training vor Fremantle und fast unbegrenzte Mittel reichten nicht aus, sein Schiff (rechts) erfolgreich durch die Ausscheidungsrennen zu bringen.

◄ *Beim America's Cup 87 fiel es ITALIA I zu, die italienischen Farben hochzuhalten. Bei mittleren Windstärken recht erfolgreich, konnte dieses Schiff einige beachtliche Siege erringen.*

◄◄ *Rod Davis, der ausgezeichnete Skipper von EAGLE, mußte aus der Entscheidung seines Syndikats für das falsche Boot das Beste machen. EAGLE erwies sich als zu klein und zu leicht für die Bedingungen vor Fremantle.*

Tatsächlich war die dritte Runde der Round Robins, die am 2. Dezember begonnen hatte, unter viel härteren Bedingungen gesegelt worden als die ersten beiden. Das brachte jene Teams in Schwierigkeiten, die ihre Schiffe nicht konsequent genug auf Starkwind umgerüstet hatten. Einem der großen Favoriten, AMERICA II, wurde ein einziger Punkt Rückstand zum Verhängnis. Zwei Jahre Training in Fremantle, drei Schiffe und Kiele dutzendweise: Der New York Yacht Club schien an alles gedacht zu haben. Er hatte das höchste Budget – nicht nur der Amerikaner –, den besten Skipper, zwei Segelmacher und zwei komplette Mannschaften. Und trotzdem war alles umsonst, weil es an Weitblick fehlte. Kreativer Weitblick war die einzige Gemeinsamkeit aller vier erfolgreichen Teams. Sie wurden Sieger in einer Schlacht, über deren Ausgang mehr das Konstruktionsniveau der Schiffe als die Leistung der Segler entschied. KIWI MAGIC, STARS & STRIPES '87, USA und FRENCH KISS unterschieden sich stark voneinander. Aber jedes Schiff war auf seine Art eine Innovation und das Arbeitsergebnis von Designerteams, die – geistig aufgeschlossen – ein modernstes Instrumentarium für ihre Forschungen einsetzten. Der Einzug ins Louis-Vuitton-Halbfinale war auch ein Sieg von Männern wie Farr, Holland, Davidson, Chance, Nelson, Briand, Mull und Calderon – sie alle sind geborene Innovatoren.

Keine Chance für den NYYC

Daß AMERICA II es am Ende doch nicht ganz schaffte, lag am Schiff selbst. Daran gibt es nichts zu deuten. Der New York Yacht Club erlitt eine schmerzhafte Niederlage, weil er sich an eine überholte Methodik klammerte, an eine Denkweise, die von der siegreichen INTREPID zur geschlagenen LIBERTY geführt hatte. Die New Yorker suchten etwas zu perfektionieren, das schon perfekt war, und scheuten sich, geistiges Neuland zu betreten. Warum bauten sie drei Schiffe mit praktisch gleichem Parameter? Drei gute Allround-Schiffe, gewiß – aber ohne den nötigen Biß. Warum wurde das Schwergewicht so stark auf eine Vervollkommnung der Matchracing-Taktik gelegt statt auf eine Steigerung der Bootsleistung, die doch zumindest im Anfangsstadium der Regattaserie den Ausschlag geben mußte?

Gewiß ist auch die althergebrachte amerikanische Segelphilosophie teilweise für die Niederlage des NYYC verantwortlich. Sie scheint typisch für diese in sich selbst ruhende Welt, die dem Prinzip der kleinen Schritte die Treue hält und revolutionären Ideen keinen Raum gibt. Warum weigerten sich John Kolius und sein Taktiker, öffentlich einzugestehen, daß sie Probleme mit der Geschwindigkeit ihres Bootes hatten? Konnten sie denn wirklich seit Oktober die Augen davor verschlossen haben, daß eine Reihe anderer Schiffe konkurrenzfähiger war oder ihnen künftig noch gefährlich werden konnte? Wenn sie sich siegessicher gaben – glaubten sie dann ihren eigenen Worten, oder übertönten sie damit nur ihre Befürchtungen, um die Mannschaft bei der Stange zu halten?

Wenn man die Zeitabstände zu zwei Siegern in der dritten Runde unter die Lupe nimmt, werden die Schwächen von AMERICA II ganz klar: 3 Minuten und 39 Sekunden auf der dritten Kreuz in dem Rennen, das sie an STARS & STRIPES verlor, und 56 Sekunden beim Zieldurchgang im Rennen gegen HEART OF AMERICA. Ja, es ist schon eine Ironie des Schicksals, daß die Umrüstung des Bootes aus Chikago AMERICA II zwölf Punkte kostete, sie also praktisch aus dem Rennen warf.

85

Louis Vuitton Cup

Ausscheidungsrennen der Herausforderer

Halbfinale (28. Dezember 1986 - 7. Januar 1987)

Segel-nummer	YACHT	YACHTKLUB	Land	RENNEN 1	2	3	4	5	6	7	SIEGE
KZ 7	NEW ZEALAND	ROYAL NEW ZEALAND Y.S.	NZ	1	1	1	1	—	—	—	4
	gegen										
F 7	FRENCH KISS	S.R. ROCHELAISES	FRA	0	0	0	0	—	—	—	0
US 55	STARS & STRIPES	SAN DIEGO Y.C.	USA	1	1	1	1	—	—	—	4
	gegen										
US 61	U.S.A.	ST. FRANCIS Y.C.	USA	0	0	0	0	—	—	—	0

Im Finale: New Zealand *und* Stars & Stripes

Finale (13. bis 23. Januar 1987)

Segel-nummer	YACHT	YACHTKLUB	Land	RENNEN 1	2	3	4	5	6	7	SIEGE
KZ 7	NEW ZEALAND	ROYAL NEW ZEALAND Y.S.	NZ	0	0	1	0	0	—	—	1
	gegen										
US 55	STARS & STRIPES	SAN DIEGO Y.C.	USA	1	1	0	1	1	—	—	4

Stars & Stripes Herausforderer um den *America's Cup*

Qualifikation der Verteidiger

Serie D (27. Dezember 1986 - 8. Januar 1987)

Segel-nummer	YACHT	YACHTKLUB	Land	Rennen	Siege	Niederlagen	Punkte	Punkte Serien A-B-C	Gesamt-punktzahl
KA 15	KOOKABURRA III	ROYAL PERTH Y.C.	AUS	9	5	4	30	53	83
KA 16	AUSTRALIA IV	ROYAL PERTH Y.C.	AUS	9	5	4	30	47	77
KA 12	KOOKABURRA II	ROYAL PERTH Y.C.	AUS	9	6	3	36	34	70
KA 14	STEAK'N KIDNEY	ROYAL SYDNEY Y.C.	AUS	9	2	7	12	12	24

Qualifiziert für die Serie E: Kookaburra III *und* Australia IV

Serie E (14. bis 19. Januar 1987)

Segel-nummer	YACHT	YACHTKLUB	Land	RENNEN 1	2	3	4	5	6	7	8	9	SIEGE
KA 15	KOOKABURRA III	ROYAL PERTH Y.C.	AUS	1	1	1	1	1	—	—	—	—	5
	gegen												
KA 16	AUSTRALIA IV	ROYAL PERTH Y.C.	AUS	0	0	0	0	0	—	—	—	—	0

Verteidiger des *America's Cup* Kookaburra III

3 AUF DEM WEG ZUR ENTSCHEIDUNG

KOOKABURRA III (Vordergrund) und AUSTRALIA IV im Finale der Verteidiger.

3 AUF DEM WEG ZUR ENTSCHEIDUNG

Die Ausscheidungsrennen gingen nach der Weihnachtspause am 28. Dezember weiter. Jedes der fürs Halbfinale um den Louis-Vuitton-Cup qualifizierten Paare – also NEW ZEALAND/FRENCH KISS und STARS & STRIPES/USA – sollte in einer Serie von maximal sieben Rennen gegeneinander antreten. Nach dem gleichen System wie später, wenn es um den America's Cup selbst ging, würde das Team gewinnen, das als erstes vier Siege erringen konnte.

Vor diesen Zwischenausscheidungen wurde FRENCH KISS noch einmal umgerüstet; die französische Crew hatte das letzte Rennen der dritten Vorrunde absichtlich an ITALIA verloren und gab das nachher auch selbst zu. Die Franzosen wollten sich in der Zwischenausscheidung lieber mit der neuseeländischen KZ 7 messen als mit STARS & STRIPES. Das Reglement des Louis-Vuitton-Cup sieht nämlich vor, daß beim Halbfinale der in den Vorrunden Erstplazierte gegen den Vierten und der Zweite gegen den Dritten antritt. Viele Beobachter verwirrte es, daß die Franzosen als Gegner den großen Favoriten mit 33 Siegen und nur einer Niederlage vorzogen und die Konfrontation mit STARS & STRIPES scheuten, obwohl dieses Schiff doch scheinbar einige Schwächen aufwies.

Damit aber lagen die Franzosen genau richtig. Marc Pajot war sich völlig klar über das Potential der Sail-America-Gruppe und andererseits überzeugt, daß KZ 7 zu schlagen sein würde, besonders bei rauhem Wetter. Seine Leute schöpften alle nur denkbaren zulässigen Möglichkeiten aus, um die Starkwindeigenschaften ihres Bootes zu verbessern. Achterschiff und Kielflügel wurden verändert, der Ballastanteil erhöht. Kein Zwölfer in Fremantle war bisher so radikal umgerüstet worden – mit dem Ergebnis, daß FRENCH KISS bei Windgeschwindigkeiten über 22 Knoten nun sehr viel näher an das Leistungsniveau des neuseeländischen Schiffes herankam. Damit konnten die Franzosen den Kiwis sehr enge Matchrennen liefern und hätten sogar einmal beinahe gewonnen.

Schließlich aber ging das Turnier zwischen FRENCH KISS und NEW ZEALAND mit vier Siegen in Folge an die Neuseeländer. Die Leistungssteigerung der Franzosen weckte jedoch manche Zweifel bei jenen, die in Neuseeland bereits den sicheren Gewinner gesehen hatten.

USA gehörte zu den besten vier Herausforderinnen und bewies damit, daß die innovative Konstruktion des Golden Gate Design Teams vom Ansatz her brauchbar und zukunftsweisend war.

Kurz vor Beginn des Halbfinales um den Louis-Vuitton-Cup lebte die „Glassgate"-Affäre wieder auf, obwohl alle vier Boote neu vermessen worden waren und die Bestätigung erhalten hatten, daß sie den Klassenvorschriften entsprachen. Die Franzosen reichten beim Vermessungskomitee Protest ein, weil ihrer Meinung nach die von den Lloyd's-Inspektoren abgegebene Erklärung zur KZ-7-Konstruktion nicht ausreiche. Obwohl das Komitee dem Protest nicht stattgab, heizte er die Kontroverse erneut an. Umstritten war diesmal nicht das Schiff selbst, sondern die Art und Weise, wie die Überprüfung vorgenommen wurde. Die Franzosen — und viele andere Yachtkonstrukteure in Fremantle — beanstandeten, daß die Materialkontrolle von dem Vertreter einer Organisation vorgenommen worden war, die schon den Bau des Rumpfes beaufsichtigt hatte, und der jetzt wieder als Berater fungierte.

Zwei erbitterte Rivalen

Zweifellos war der Streß für Conners Team am Vorabend zum Start der Zwischenausscheidungen am schlimmsten. Der Gegner, den sie unbedingt schlagen mußten, war Tom Blackaller mit seiner USA, der radikalsten Neukonstruktion in Fremantle. Eine Niederlage wäre für Conner eine Katastrophe gewesen, sowohl aus persönlichen Gründen als auch aus organisatorisch-technischen. Nicht auszudenken, wenn Blackaller sie mit seinem Canard-Ruder aus dem Rennen werfen würde, nachdem sie selbst dieses Prinzip doch zuvor geprüft und verworfen hatten! Würde ihnen das Schicksal diese Ohrfeige verpassen?

STARS & STRIPES verschwand für einige Tage in der Werft, wo Kiel und Kielflügel umgebaut wurden. Außerdem bekam ihr Unterwasserschiff einen speziellen Kunststoff-Film, der schon beim Sparringspartner STARS & STRIPES '85 erprobt worden war. Die Wartungscrews arbeiteten Tag und Nacht und nahmen nicht einmal Weihnachten frei. Das allerdings konnte niemanden in Fremantle beeindrucken. Im America's-Cup-Zirkus war es eine Selbstverständlichkeit, daß auch am Heiligen Abend geschuftet wurde.

Im ersten Rennen wirkten USA und STARS & STRIPES durchaus gleich stark, aber schließlich konnte Conner mit zehn Sekunden Vorsprung als erster über die Linie gehen. Dieser Sieg war zu knapp, um alle Zweifler verstummen

Ein gefährlicher Job auf dem Vordeck von USA. Die rauhe See vor Fremantle war eine harte Prüfung für Ausdauer und Können der Crews und verlangte ihnen höchsten Einsatz ab.

zu lassen, doch er reichte dem Sail-America-Team für ein erleichtertes Aufatmen. Besonders deshalb, weil die Regatta bei mittleren Windstärken stattgefunden hatte – Bedingungen, unter denen USA bekanntlich ihre besten Leistungen erreichte. Bei den nächsten Rennen waren die Wetterverhältnisse sehr viel schwieriger, und am Ende gewann STARS & STRIPES die Zwischenausscheidungen mit 4 : 0, genauso wie die Kiwis die Franzosen abgefertigt hatten. Damit lag Sail America als einziges amerikanisches Syndikat noch im Wettbewerb. Das Canard-Schiff aus San Francisco war überzeugend geschlagen worden: im zweiten Rennen mit 3 : 02 Minuten, im dritten mit 2 : 23 und im letzten mit 0 : 43 Minuten. Damit aber ist bestimmt noch nicht das letzte Wort über das künftige Potential des Canard-Systems gefallen.

Nach dem Ausscheiden von USA und FRENCH KISS blieben zwei Herausforderinnen übrig, NEW ZEALAND mit insgesamt 37 Siegen und einer Niederlage und STARS & STRIPES '87 mit „nur" 31 Siegen. Doch wie schon im Halbfinale, zählen auch im Louis-Vuitton-Finale nicht die zuvor gesammelten Punkte – außer vielleicht als psychologischer Faktor. Wieder begann der Kampf ganz von vorne, und diesmal war es der Kampf des großen Matchrace-Spezialisten Conner gegen das „Knabenwunder" aus Neuseeland. Die Medien waren in ihrem Element. Zu Tausenden strömten die Schlachtenbummler aus Neuseeland nach Perth, während STARS & STRIPES wieder für einige Tage in die Werft ging. Die Kielflügel wurden nochmals verändert, die neue Plastikhaut des Unterwasserschiffs wurde ergänzt. Das Sail-America-Team wirkte nun sehr viel entspannter als vor den Rennen gegen USA. Aus gutem Grund: Die Computeranalyse der im Dezember gesammelten Daten zeigte deutlich, daß KIWI MAGICS Geschwindigkeit stets etwas unter der von STARS & STRIPES gelegen hatte. Nicht nur das, STARS & STRIPES war auch eigens den Wetterverhältnissen angepaßt worden, wie sie die Meteorologen des Teams für Januar vorhergesagt hatten: an sieben von zehn Tagen Windgeschwindigkeiten von mehr als 18 Knoten. KIWI MAGIC dagegen schien das bessere Allround-Schiff zu sein, was ihr auch ermöglicht hatte, die Vorrunden zu gewinnen.

Die Wunderwaffe

Auf der Pressekonferenz vor dem ersten Rennen hielt Chris Dickson es noch für ausgeschlossen, daß er mit 4 : 0 geschlagen werden könnte. Er deutete an, daß er sehr wohl Bescheid wisse über das angebliche Geheimnis der Plastikhaut, die bei STARS & STRIPES aufgetragen worden war. Der gleiche Film sei auch auf KZ 7 getestet, aber als ungeeignet verworfen worden. Wie sich später herausstellte, war letzteres geblufft. Chris wirkte jetzt längst nicht mehr so zuversichtlich wie am Ende der dritten Vorrunde.

Einige Stunden später wurde eine offizielle Verlautbarung über die Folie veröffentlicht, mit der STARS & STRIPES' Unterwasserschiff beklebt worden war. Es

Die Crew von FRENCH KISS bewies, daß sie zu den technisch am besten vorbereiteten Konkurrenten gehörte. Sie wird die in den Gewässern vor Fremantle erworbene Erfahrung zweifellos beim nächsten America's Cup gut verwerten können.

FRENCH KISS bei der Rückkehr in den Hafen, nachdem sie ihr letztes Rennen gegen NEW ZEALAND verloren hatte. Damit war für die Franzosen der Wettkampfstreß vorbei, doch blieb ihnen der Stolz auf die erzielten Erfolge.

FRENCH KISS und NEW ZEALAND auf Vorwindkurs im Halbfinale um den Louis-Vuitton-Cup. Die Neuseeländer schlugen die französische Herausforderin überlegen und warfen sie damit aus dem Rennen.

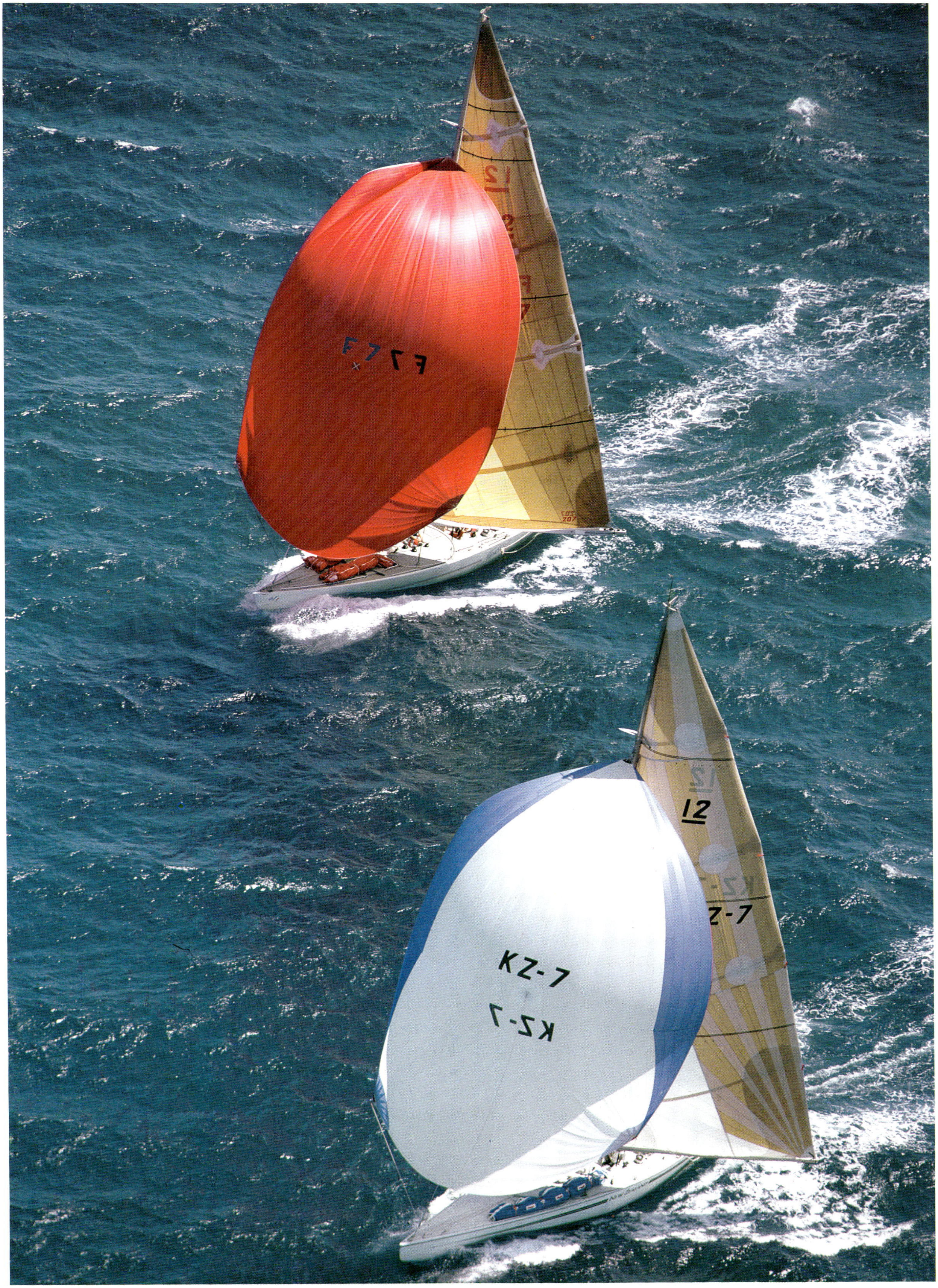
KZ-7
12

handelte sich um eine von der Firma 3 M entwickelte Folie namens Scotchal Drag Reduction Film. Diese Feinschicht soll den Gesamtwiderstand eines durch Luft oder Wasser bewegten festen Körpers reduzieren. Auch Boeing hatte schon damit experimentiert. Versuche der NASA hatten gezeigt, daß in Strömungsrichtung verlaufende Mikrorillen an der Außenhaut eines Flugzeugs den Strömungsverlauf positiv beeinflussen und den Gesamtwiderstand um bis zu zehn Prozent verringern. Diese Wirkung beruht auf einer absichtlich erzeugten Feinturbulenz der Grenzschicht, wodurch deren Ablösung verzögert und die dabei auftretenden Verwirbelungen verkleinert werden. Der 3-M-Film bewirkt eine genau dosierbare Oberflächen-Rauhigkeit, die beim Betasten an Schallplattenrillen erinnert.

Mit diesem mikrofein gerillten Unterwasserschiff und einer optimalen Segelausrüstung, die noch durch die besten Segel von AMERICA II und ein Großsegel von USA aufgestockt worden war, startete STARS & STRIPES zum Duell mit NEW ZEALAND. Schon auf der ersten Kreuz des ersten Rennens zeigte sie ihre Stärke. Conner war in Höchstform und gewann bequem mit einem Vorsprung von einer Minute und 20 Sekunden. Am zweiten Tag bestätigte sich dieser Eindruck noch, als er um eine Minute, 36 Sekunden vor Dickson über die Linie ging. Im dritten Rennen lag Conner mit 20 Sekunden in Führung, da öffnete sich der Schnappschäkel am Spinnaker von STARS & STRIPES, und das Segel kam von oben. Dadurch konnte Dickson sie bis zur nächsten Wendemarke überholen. NEW ZEALAND hielt ihren Vorsprung und gewann so ihr einziges Rennen im Finale um den Louis-Vuitton-Cup, und zwar mit 38 Sekunden. Doch im vierten Duell siegte wieder STARS & STRIPES, diesmal mit deutlichen drei Minuten und 38 Sekunden. Dieses Rennen wurde bei Windgeschwindigkeiten zwischen 28 und 30 Knoten an einem Tag gesegelt, der einer der windreichsten im ganzen Monat Januar bleiben sollte. Den Neuseeländern, die bei dem rauhen Wetter unter allerhand Bruch litten, wurde er zum Verhängnis.

Den entscheidenden Sieg brachte der fünfte Tag, als STARS & STRIPES mit einer Minute und 29 Sekunden gewann. Bei allen fünf Rennen erreichte das amerikanische Schiff die erste Luvmarke in der besseren Position, und in drei davon dominierte es souverän. An diesem Punkt bestätigte sich nicht nur die Richtigkeit der gewählten Bootseigenschaften, auch die Tendenz der späteren Modifikationen erwies sich als günstig und entscheidend. Die vom Yacht Club Costa Smeralda nach dem Louis-Vuitton-Cup zur Verfügung gestellte Statistik ist in dieser Hinsicht aufschlußreich: Bis zur Nominierung der offiziellen Herausforderin wurden 223 Rennen über eine Gesamtdistanz von 5173 Seemeilen gesegelt. Sie teilte sich auf in 849 Kreuzen, 432 Raumschenkel und 410 Vorwindgänge. Bei 60 Prozent der Rennen schwankte die Windgeschwindigkeit zwischen 16 und 28 Knoten, und dies erklärt auch, warum das am Ende siegreiche Schiff „eine für schwierige Verhältnisse entwickelte Maschine war, spezialisiert und verbessert auf das Ziel hin, während der windreichsten Zeit des australischen Sommers ihre Bestleistung zu zeigen, ein starkes Boot mit guten Amwindeigenschaften, aber nicht von extremer Größe, weil es auf bestimmte hydrodynamische Kriterien hin perfektioniert war". Conner betonte mehrmals, seine ganze Matchrace-Erfahrung hätte nicht zum Erfolg ausgereicht, hätte er nicht dieses Schiff gehabt.

Bunt und laut ist die Menge amerikanischer Zuschauer, die enthusiastisch die siegreiche STARS & STRIPES anfeuert.

Auch viele neuseeländische Schlachtenbummler kamen nach Australien, um KIWI MAGIC und ihre erfolgreiche Crew lautstark zu unterstützen (links und nebenstehende Seite).

Das Foto zeigt AUSTRALIA IV in voller Aktion. ▶

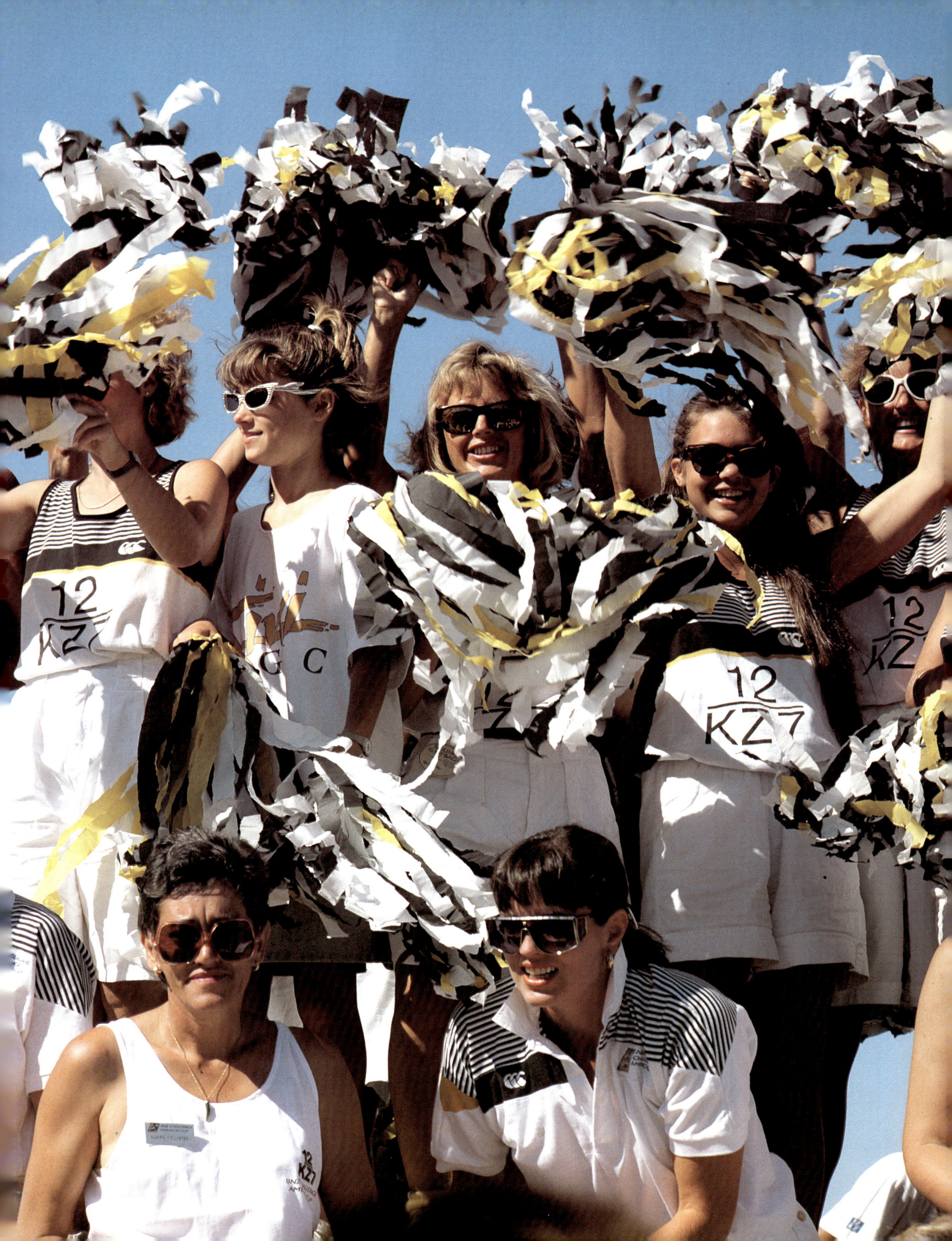
12
KZ7

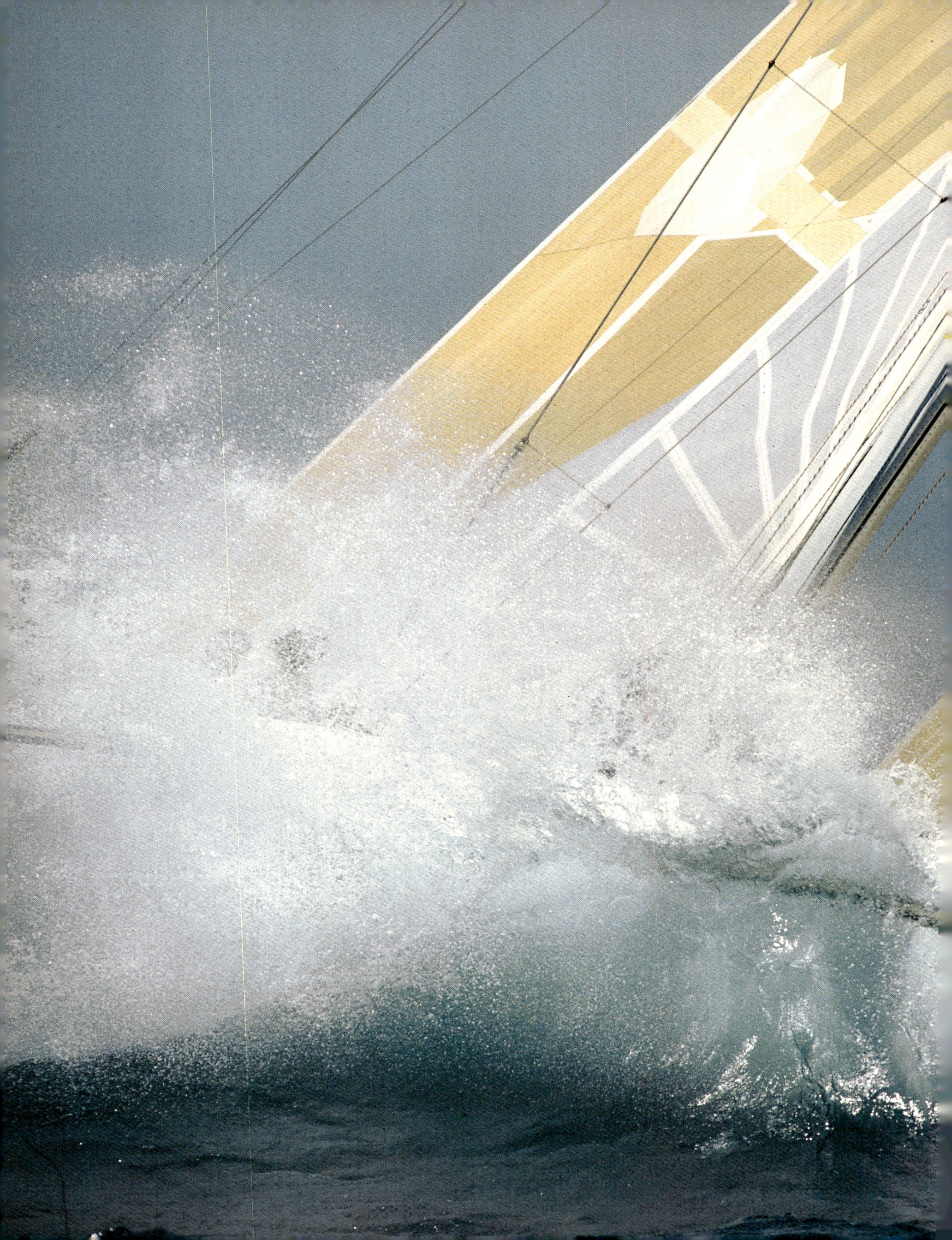

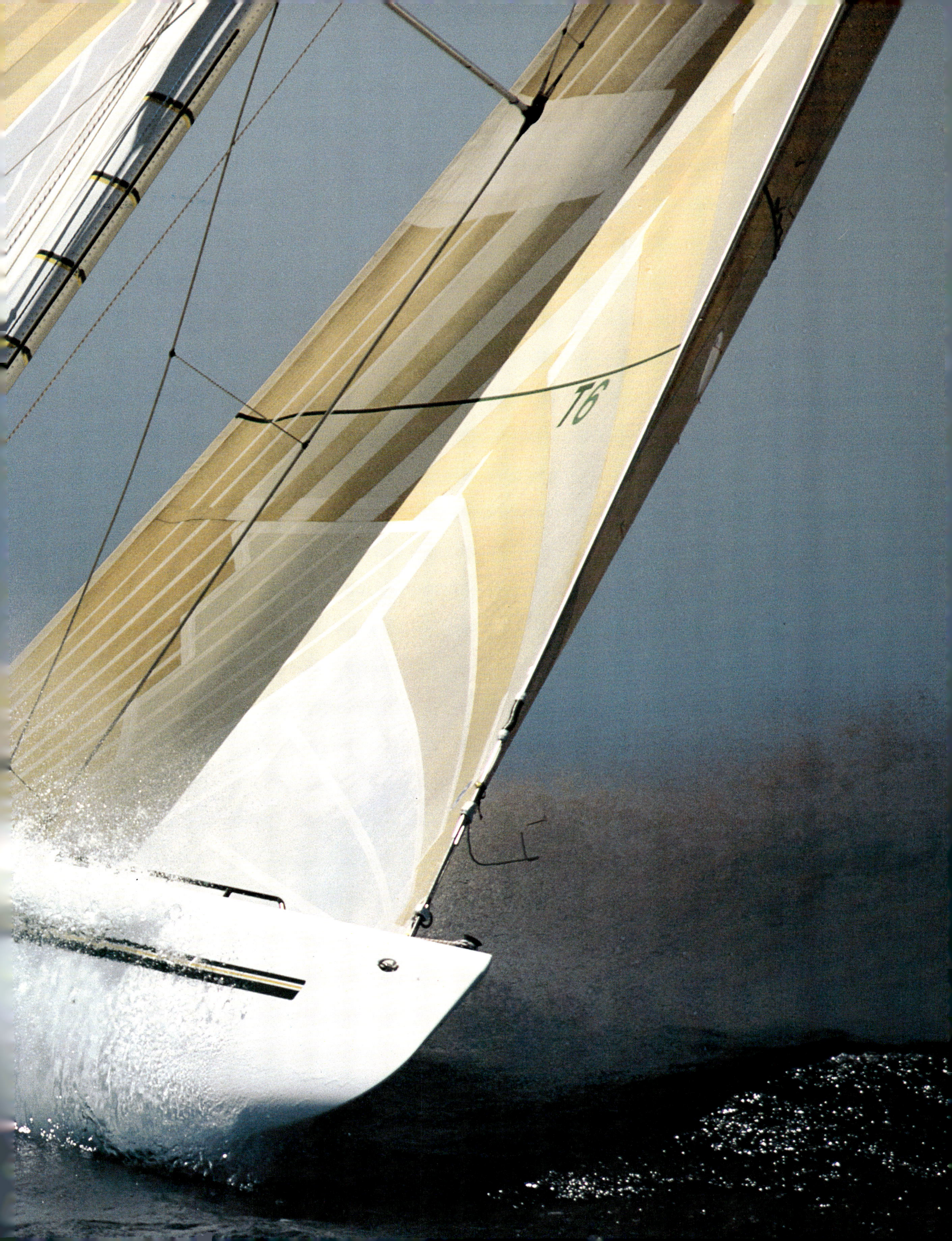
T6

Pausenlose Forschungsarbeit

Die im Dezember und Januar an STARS & STRIPES vorgenommenen Umbauten sind die Ergebnisse eines fortlaufenden Entwicklungsprogramms, das die Konstrukteure Chance, Nelson, Pedrick und ihre Berater ständig in Atem hielt. „Im September, wenige Wochen vor Beginn der Ausscheidungsrennen, schlug uns Charles Boppe von der Grumman Corporation einen neuen Kielflügeltyp vor. Er unterschied sich stark von dem für die Vorrunden bereits am Boot montierten", berichtet John Marshall, der Projektkoordinator. „Wir hatten schon erwogen, die Kielflügel zu verlängern, um die Wendigkeit und die Geschwindigkeit am Wind zu verbessern. Aber natürlich wußten wir, daß dies die benetzte Fläche vergrößern würde, was Geschwindigkeitseinbußen bei leichtem Wind bedeutet hätte. Im Gegensatz dazu wollte Boppe die benetzte Fläche konstant lassen, die Spannweite jedoch vergrößern und die Profilstärke verkleinern. Die Eigenschaften dieser neuen Kielflügel wurden zuerst vom Computer berechnet und dann im November im Schlepptank getestet. Die Analyse der so gewonnenen Daten bestätigte Boppes Vorhersage, daß wir einen merkbaren Vorteil an der Kreuz erzielen würden, ohne zuviel Leistung vor dem Wind einzubüßen. Wenn wir diese längeren und dünneren Flügel montierten, würde sich der Ballastanteil verkleinern; deshalb beschlossen die Konstrukteure, den unteren Teil des Kiels zum Ausgleich dafür durch einen voluminöseren und schwereren zu ersetzen. Wir wußten, daß diese Veränderungen bei rauhem Wetter hoch am Wind einen entscheidenden Vorteil bringen würden, ungelöst blieb jedoch das Problem, die Nachteile bei leichtem Wind zu vermeiden. Dann aber reduzierte die partielle Feinanrauhung des Unterwasserschiffs drastisch diese unerwünschte Nebenwirkung. Tatsächlich konnten wir später dank des von 3 M entwickelten Films bei mäßigem bis leichtem Wind die gleiche Leistung erzielen wie zuvor. Wir sind überzeugt, daß uns diese Veränderungen unterm Strich fünf bis sechs Sekunden pro Meile am Wind schneller machen werden, was etwa 20 Sekunden Gewinn auf jeder Kreuzstrecke des Kurses entspricht. Vor dem Rennen gegen NEW ZEALAND haben wir außerdem unser altes Ruder gegen ein tiefergehendes ausgetauscht, womit das

KOOKABURRA III (an ihren breiten Profilkontrollstreifen in den Segeln erkennbar) und AUSTRALIA IV im letzten Qualifikationsrennen. Es wurde AUSTRALIAS Abschiedsvorstellung in den Cupregatten von 87. ▶

AUSTRALIA IV und KOOKABURRA III (mit geliehenem Groß) im letzten Matchrace, das mit KOOKABURRAS Sieg und ihrer Ernennung zur offiziellen Verteidigerin endete. ▶

Der australische Millionär Alan Bond, der seinerzeit AUSTRALIAS historische Herausforderung in Newport finanzierte, auf einer Pressekonferenz. Diesmal war sein größter Gegner das Syndikat seines Erzrivalen Kevin Parry, dessen KOOKABURRA III sich gegen ihn durchsetzte und das Cupfinale gegen STARS & STRIPES bestritt.

Iain Murray, Skipper von KOOKABURRA III, schlug im Finale der Verteidiger überraschend Colin Beashels AUSTRALIA IV mit 5:0.

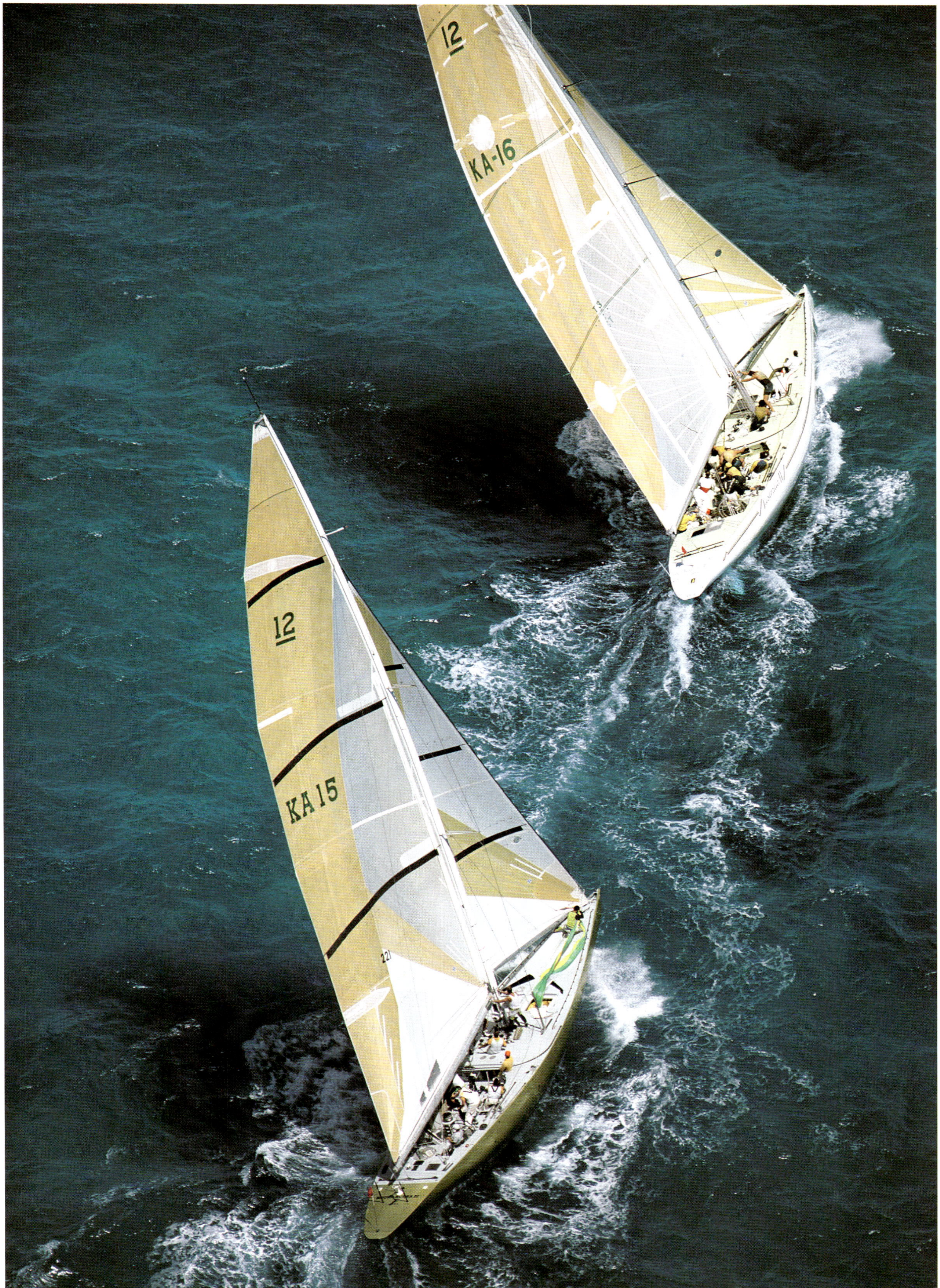
12
KA-16
12
KA 15

A-16

Australia II

T6

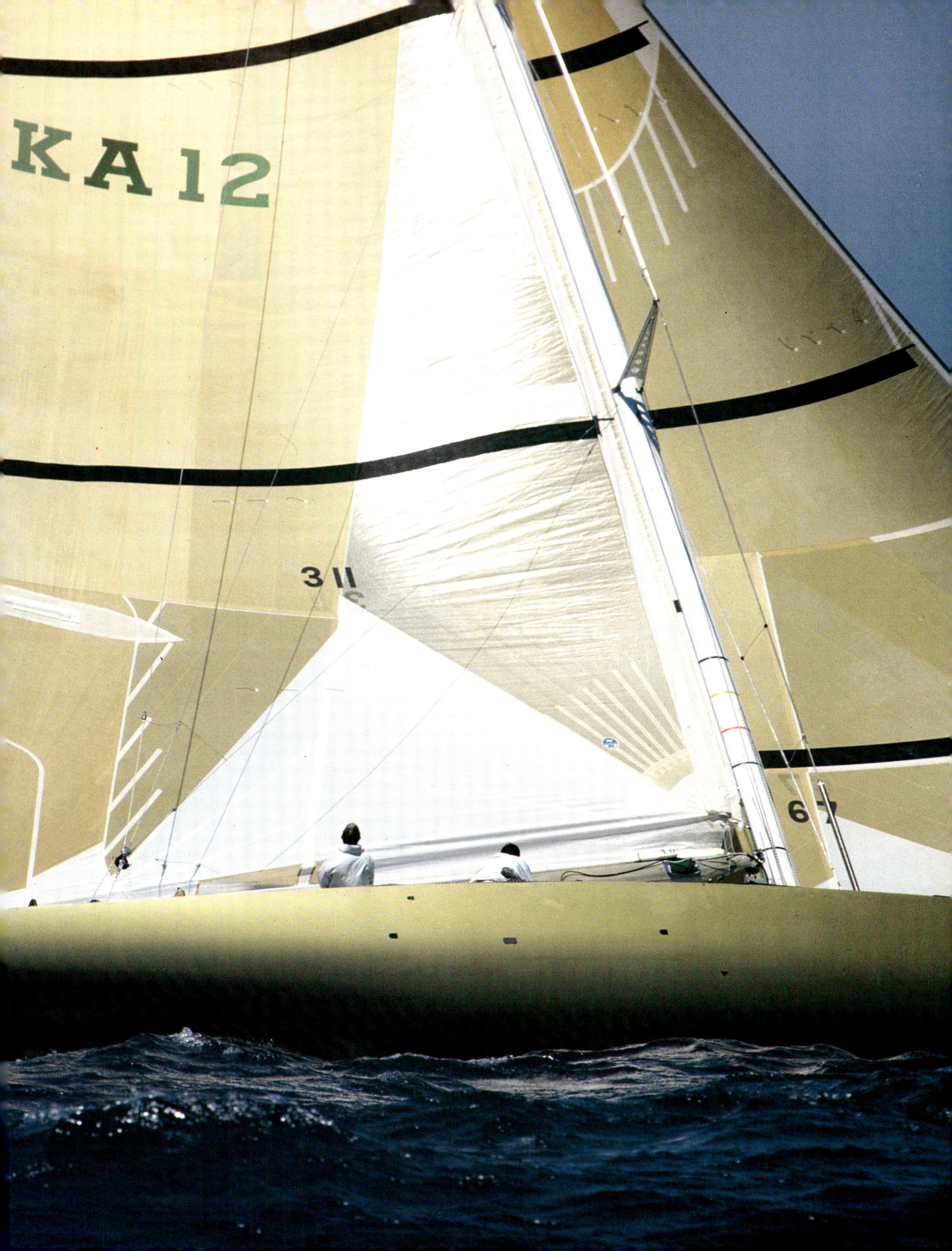
KA 12

Schiff bei rauhem Seegang besser zu kontrollieren ist und beim Runden der Wendemarken weniger Fahrt verliert."

Dennis Conner, der wackere Held

Der offizielle Herausforderer ist also nun das Sail-America-Team mit seiner Galionsfigur Dennis Conner. Zwischen Oktober und Januar absolvierte er dafür insgesamt 45 Rennen, von denen er 37 gewann und acht verlor. Nun stehen noch bestenfalls vier – und maximal sieben – Rennen zwischen ihm und dem America's Cup, falls er die Australier schlagen kann. Aber dazu hat er offenbar die besten Chancen.

Conner ist beim Publikum noch nie ausgesprochen populär gewesen, doch in den letzten Monaten hat er hart daran gearbeitet, sein Image zu verbessern. Hierbei war er so erfolgreich, daß sich viele Australier, abgestoßen vom Krieg zwischen Bond und Parry, auf seine Seite schlugen. Er erkämpfte sich den Status des offiziellen Herausforderers, obwohl ihn seine eigene Nation anfangs finanziell nicht gerade großzügig unterstützte und obwohl das Budget seines Syndikats Mitte Januar mit vier Millionen US-Dollar in den roten Zahlen war!

Diese Bildfolge zeigt die Überlegenheit von Stars & Stripes *im Matchrace gegen* New Zealand. *Das amerikanische Schiff gewann den Louis-Vuitton-Cup und damit den Titel der offiziellen Herausforderin.*

Nach seiner Niederlage von 1983 war der unverwüstliche Dennis Conner (am Ruder) abermals einer der aussichtsreichsten Konkurrenten im Kampf um den America's Cup. ▶

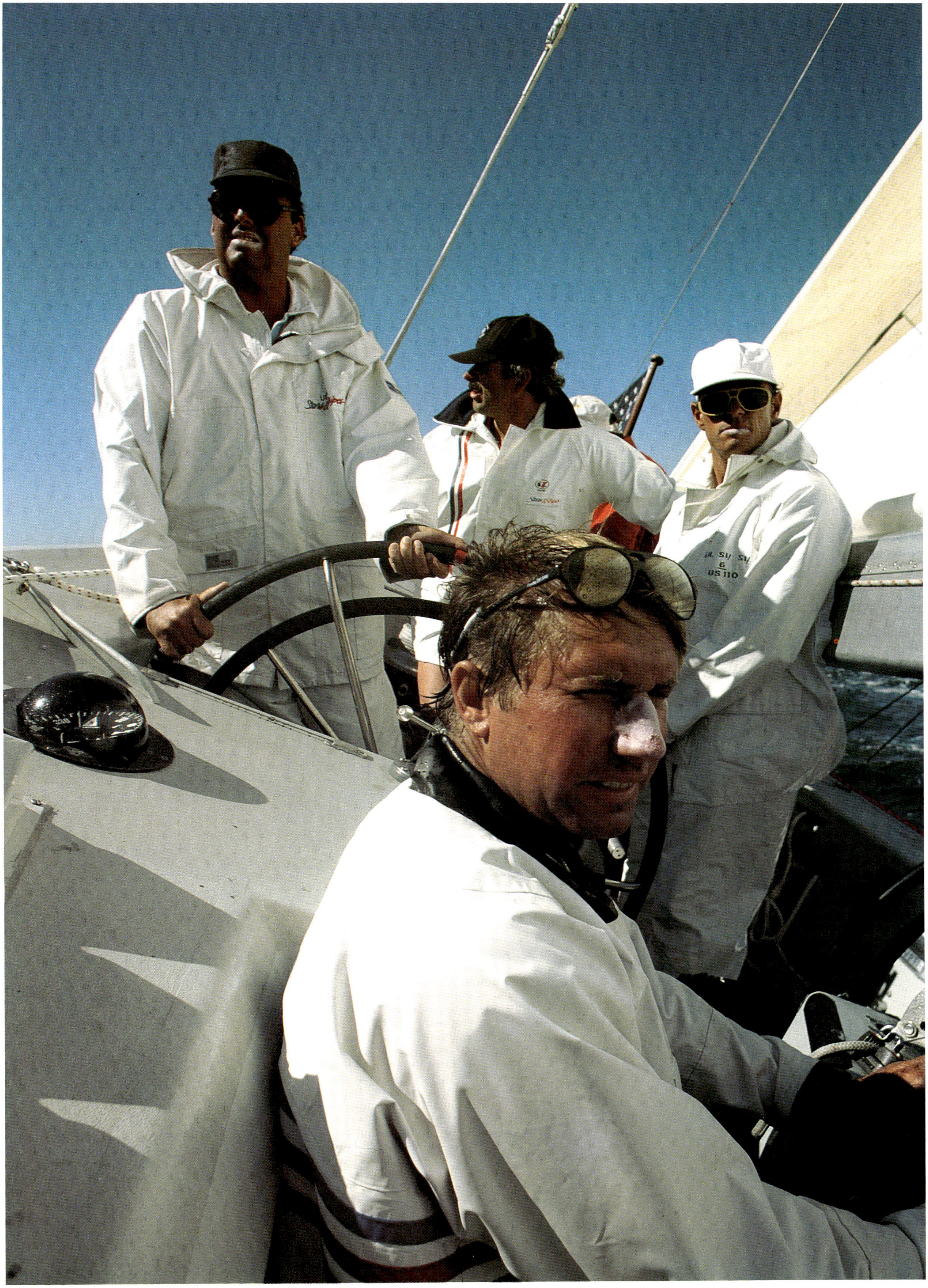
6
US 110

Für den Bau einer so kampfstarken Herausforderin wie STARS & STRIPES (hier an der Halsetonne) mußte Dennis Conner drei Zwölferkonstrukteure zu einem Team vereinigen und sich die direkte Unterstützung von NASA und Boeing sichern.

So gilt Dennis Conner nun als wackerer Held, der nicht aufgibt und Revanche für eine bittere Niederlage sucht. Die Solidarität seines ehrgeizigen Teams ist so groß, daß seine Mitarbeiter, darunter auch Konstrukteure, sich mit einer Auszahlung ihres Honorars erst nach Abschluß der Cupregatten einverstanden erklärten. Ehrgeiz allein reicht zwar nicht aus, so viele starke Rivalen zu besiegen, doch bevor man hier auf überlegene Technologie hinweist, muß dem selbstlosen Einsatz und der Opferbereitschaft jedes einzelnen gebührender Respekt gezollt werden.

Als der Louis-Vuitton-Cup an Conner vergeben war, führte Malin Burnham, Vorsitzender des Sail-America-Syndikats, während einer Konferenz ein längeres Gespräch mit seinem neuseeländischen Amtskollegen H. Michael Fay. Dabei zeigte er sich stark daran interessiert, für das letzte Tuning vor dem Finale die Unterstützung des zweitbesten Herausforderers zu gewinnen. Die Neuseeländer aber schlugen sich lieber auf die Seite der Australier und stellten ihren Zwölfer KZ 7 den Verteidigern zur Verfügung. Sie zogen es vor, jenem Team zu helfen, dessen Sieg eines garantieren würde: Die nächste Auflage des America's Cup steigt wieder *down under!*

Der australische Bruderzwist

Ende Dezember konkurrierten nur noch vier Schiffe um den Titel der offiziellen Verteidigerin: KOOKABURRA III, AUSTRALIA IV, KOOKABURRA II und STEAK N' KIDNEY. Allein die ersten drei hatten eine ernsthafte Qualifikationschance. Der Punktabstand, um den das Boot aus Sydney zurücklag, war beträchtlich. Es schien unwahrscheinlich, daß STEAK N' KIDNEY diesen Rückstand würde aufholen können, auch dann noch, als der Royal Perth Yacht Club das Punktsystem eigens zu ihrem Vorteil änderte. Denn STEAK N' KIDNEYS Leistungen hatten sich in der dritten Qualifikationsregatta so verbessert, daß man der Meinung war, sie hätte eine letzte Chance verdient. Der Kampf um den Titel der offiziellen Verteidigerin wurde erbittert ausgetragen, und das nicht nur mit der Waffe der Bootsgeschwindigkeit. Vor allem die Männer des Taskforce-Syndikats waren nicht zimperlich, wenn es darum ging, ihre Gegner nervlich unter Druck zu setzen. Dies beweist allein schon ein Blick auf die Zahl der Proteste: 45 davon wurden während der Qualifikationen eingereicht, und die rote Protestflagge am

Heck einer Verteidigerin war eher die Regel als die Ausnahme.

Zwischen den Syndikaten von Parry und Bond herrschte eine derart verbissene Rivalität, daß sich viele Beobachter zu fragen begannen, ob die zur Verteidigung des America's Cup ausgearbeitete Strategie im Denkansatz richtig war. Ging Australien damit das Risiko ein, zumindest für die nächsten Jahre abgehängt zu werden? Mit Sicherheit fehlte den Kampagnen eine auf nationaler Ebene funktionierende Strategie. Zwei Jahre wurden mit Kleinkrieg vertan, obwohl sie doch sinnvoller mit konstruktiven Vergleichen hätten genutzt werden können. Mittlerweile unternahm der Royal Perth Yacht Club die größten Anstrengungen, diese einmalige und vielleicht unwiederbringliche Gelegenheit wirtschaftlich auszuschlachten, und zwar zu seinem alleinigen Vorteil.

In Fremantle begann man zu munkeln, daß den Klub ein Teil der Verantwortung treffe, falls Australien den Pokal verlieren sollte. Denn er habe völlig die finanziellen Probleme ignoriert, die gewisse australische Syndikate bei der Verteidigung dieser silbernen Bonanza behinderten. Riskierte der Klub aus Habgier den Verlust der Kanne? Jedenfalls spricht alles dafür, falls Alan Bonds Behauptung stimmt, daß der Royal Perth Yacht Club einen Profit von rund zehn Millionen australischer Dollar machen wird, wogegen alle Syndikate am Ende rote Zahlen schreiben dürften. Anfang Januar warnte er: „Falls Australien den Cup verliert, dann deshalb, weil der Royal Perth Yacht Club ausschließlich ans Geldverdienen dachte. Er hat viel mehr Sponsorenmittel abgeschöpft, als für die Veranstaltung der Regatten notwendig gewesen wäre, und er erwog nicht einmal, solche Syndikate zu unter-

103

stützen – zum Beispiel die von SOUTH AUSTRALIA und STEAK N' KIDNEY –, die finanzielle Hilfe benötigten. Alles in allem sammelte der RPYC bei seinen Sponsoren über 16 Millionen A$ – und da soll mir doch keiner erzählen, daß diese ganze Summe für die Organisation gebraucht wurde."

AUSTRALIA IV lag noch im Rennen um die Qualifikation als Verteidigerin, als Alan Bond so offen seine Meinung über die Art und Weise der Cupverteidigung verlautbarte. Deshalb kann ihm niemand vorwerfen, daß er dieses Statement aus Verbitterung über das eigene Scheitern abgegeben habe.

Im Januar stand es mit dem Image des verteidigenden Klubs wirklich nicht zum besten. Die Lokalpresse begann über Bestechungssummen und Schmiergelder zu schreiben, die von offiziellen Lieferanten verlangt worden seien. Auch war die Rede von einem Schwarzhandel mit jenen Sonderflaggen, die es den Booten gut zahlender Zuschauer ermöglichten, die Rennen aus der ersten Reihe zu verfolgen. Solche Verdächtigungen ranken sich zwar um jedes Ereignis, bei dem derart hohe Summen im Spiel sind; aber im Lauf der Zeit wurde immer deutlicher, wie schwer die Verteidigung des Cups auf den Schultern eines einzigen Teams lastete, und viele Leute begannen sich zu fragen, ob der RPYC und sein Komitee nicht etwas zu kurzsichtig vorgegangen waren. Warum hatte der Klub beispielsweise nicht versucht, eine Verteidigung auf nationaler Ebene zu organisieren, und statt dessen alles privaten Initiatoren überlassen? Der Klub hätte das für die Organisation benötigte Geld von den Sponsoren sammeln und außerdem jenen Syndikaten Finanzhilfe gewähren können, die sich als fähig zur Zusammenarbeit erwiesen, mit dem Ziel, das technische und allgemeine Niveau der Verteidigung zu heben.

Gerade in dieser Hinsicht scheint die Lektion von Newport nicht viel genützt zu haben. Die rhetorische Schlacht zwischen den Sprechern der Syndikate ging pausenlos weiter, solange die Qualifikationen liefen. Auch der offene Kriegszustand zwischen Bonds und Parrys Gruppen währte bis zum Vorabend des Finales. Erst dann traten beide Männer gemeinsam vor die Pressekonferenz und verkündeten, daß sie nun kooperieren und ihr Äußerstes tun wollten, damit das beste Boot Australiens Sache verteidigen könne. Genau diese Kooperationsbereitschaft hatte die Öffentlichkeit schon lange gefordert. Hatten die beiden damit zu lange gewartet?

Da die geplanten Umbauten an KOOKABURRA II zu diesem Zeitpunkt noch nicht beendet waren, beschlossen Bond und Parry, nur KOOKABURRA III und AUSTRALIA IV in den letzten Qualifikationsrennen gegeneinander antreten zu lassen. Danach sollte dann eine Serie von Vergleichsrennen zwischen dem Gewinner dieses Duells und der umgerüsteten KOOKABURRA II stattfinden.

Zu diesem Waffenstillstand waren die beiden Syndikate nur mit Rücksicht auf ihr öffentliches Image gezwungen. Das wurde offenbar, als Kevin Parry sofort jedes weitere Gespräch mit Alan Bond ablehnte, nachdem AUSTRALIA IV gegen KOOKABURRA III gewonnen hatte und noch bevor die Vergleichsfahrten mit KOOKABURRA II stattfinden konnten. Bond sagte, daß er zu jeder nur denkbaren Zusammenarbeit bereit sei, und bot Parry Segel und Ausrüstung an, warf ihm aber gleichzeitig öffentlich Unfähigkeit vor.

Dennis Conner feiert nach dem Louis-Vuitton-Finale den Sieg seines Bootes über NEW ZEALAND. Er gewann überlegen, obwohl viele Auguren, beeindruckt vom guten Abschneiden NEW ZEALANDS in den Vorrunden, seine Chancen angezweifelt hatten.

Das Regattakomitee erwidert den Gruß von STARS & STRIPES nach dem letzten Rennen um den Louis Vuitton Cup. Es war Aufgabe des Yacht Club Costa Smeralda als „Challenger of Record", die Rennen zwischen den Herausforderern zu organisieren.

Zur Crew von STARS & STRIPES gehören auch ▶ viele Veteranen der Niederlage von Newport, die nach Revanche lechzen. Darauf beruht ihre eiserne Entschlossenheit, ihr Durchsetzungsvermögen und ihr ausgezeichneter Teamgeist.

Eine vernichtende Niederlage

Das Finale in der Qualifikation der Verteidigerinnen wurde schneller entschieden als erwartet und ließ keinen Zweifel daran, welches Boot das schnellere war. Das Ergebnis von 5 : 0 für KOOKABURRA III bewies ihre eindeutige Dominanz über AUSTRALIA IV. Für Bonds Gruppe war das die endgültige, vernichtende Niederlage. Was war aus dem berühmten Kiel geworden, den Lexcen im Dezember getestet hatte? Er war zwar gegossen, aber wegen Zeitmangels noch nicht montiert worden. Was war mit dem Team geschehen, das sich so lautstark der Erfahrung im Siegen gerühmt hatte, die es angeblich besaß? Lexcen berichtete: „Nachdem wir so lange mit AUSTRALIA III gearbeitet hatten, beschlossen wir, uns auf dieses Schiff zu konzentrieren und es für härtere Bedingungen zu tunen. Uns war völlig klar, daß wir für Dezember und Januar ein Schiff benötigten, das sich bei Starkwind behaupten konnte . . . Als AUSTRALIA IV im August 86 zu Wasser gegangen war, schien alles noch nach Plan zu laufen. Klar wußten wir, daß sie bei leichteren Wetterverhältnissen gewisse Probleme haben würde – aber nun verloren einige Leute gleich die Nerven und begannen, für ein besseres Allround-Schiff zu plädieren. Damals wollte jeder seinen Senf dazugeben. Alle Mitglieder unserer Gruppe glaubten zu wissen, wie eine Cupgewinnerin auf dem Reißbrett aussehen müsse, und posaunten dies aus. Plötzlich kam ich mir vor wie in einem nach italienischer Art funktionierenden Syndikat. Kein Problem, wenn man es mit einem einzelnen Italiener zu tun hat. Aber mehr sind von Übel. Schon mit zweien wird's politisch." Was war nun wirklich geschehen? Anscheinend waren Bonds Männer mit zuviel Überheblichkeit in die America's-Cup-Kampagne 87 gegangen, ohne eine wirkliche Führerpersönlichkeit zu besitzen, einen Mann, der seine Ansichten in den entscheidenden Momenten auch durchsetzen konnte. Aus Nervosität wurde heillose Verwirrung, und die Folge war Unproduktivität. Viele Leute begannen sich zu fragen, ob sich all das nicht hätte vermeiden lassen, wäre John Bertrand noch Skipper gewesen. Eines steht jedenfalls fest: Die beiden Konsortien, die sich nun im Finale messen würden, waren überzeugt von der

Oben: Conner (links außen) und Dickson (ganz rechts) auf der Pressekonferenz vor dem Louis-Vuitton-Finale.

Grund zum Jubel hat die Crew von STARS & STRIPES bei der Preisverleihung, nachdem Conners Schiff den Titel der offiziellen Herausforderin gewann.

Dennis Conner nimmt den Louis-Vuitton-Cup entgegen. Die finanzielle Unterstützung der weltbekannten Pariser Firma dieses Namens war entscheidend für die Veranstaltung der Ausscheidungsrennen. Von links nach rechts: Louis-Vuitton-Präsident Henry Recamier, Bruno Troublé, verantwortlich für die Organisation der Regatten, Gianfranco Alberini, Kommodore des Yacht Club Costa Smeralda, und Dennis Conner.

ausschlaggebenden Bedeutung eines mehrköpfigen Designerteams und eines großen Beratergremiums. Ben Lexcen dagegen hatte fast im Alleingang gearbeitet.

Nach Abschluß der Verteidiger-Qualifikation und während man darauf wartete, daß KOOKABURRA II wieder zu Wasser ging, segelte KOOKABURRA III an einigen Tagen bei mäßigem bis starkem Wind Vergleichsfahrten gegen NEW ZEALAND. Dabei zeigte sich, daß beide Boote ziemlich gleiche Leistungen erbrachten. Anschließend absolvierte die umgerüstete KOOKABURRA II Testfahrten gegen KOOKABURRA III, doch mit wenig überzeugendem Ergebnis. So wurde schließlich KOOKABURRA III zur offiziellen Verteidigerin in der 26. Regatta um den America's Cup bestimmt.

Damit hatte das Taskforce-Syndikat alle anderen australischen Gruppen aus dem Feld geschlagen. Aber der Kampf gegen den Champion, der stellvertretend für den Rest der Zwölferwelt antrat, stand ihm noch bevor. Ende Januar favorisierten die Fachleute in Fremantle eindeutig STARS & STRIPES. Überall hörte man die verwunderte Frage, wie die Australier es nur angestellt hatten, den psychologischen und technischen Bonus zu verlieren, den sie letztes Mal besessen hatten und der am Vorabend des Finales von 1983 am größten war. Tatsache ist, daß STARS & STRIPES sich gegen zwölf Konkurrentinnen durchsetzen mußte, um das Cup-Finale zu erreichen, und daß diese Opposition teilweise sehr stark gewesen war. KOOKABURRA dagegen hatte höchstens zwei gefährliche Rivalinnen gehabt, von denen eine überdies aus demselben Klub stammte. So kam es, daß Murray, Parry und der Rest des KOOKABURRA-Teams kurz vor Beginn des entscheidenden Turniers nicht über den gleichen gewichtigen Background, ein vergleichbares Charisma und einen ebenso unbeugsamen Siegeswillen verfügten wie die Gruppe um Conner.

Doch noch ist alles offen, denn die beiden Kontrahenten sind bisher nie gegeneinander gesegelt. Beobachter jedoch, die an Zahlen glauben und an die Aussagekraft der während der Ausscheidungsphase zutage getretenen Ergebnisse, prophezeien ein hartes Rennen. Und die Abmessungen der Konkurrentinnen sind ja auch tatsächlich sehr ähnlich.

Chris Dickson — bis zu diesem Zeitpunkt der einzige, der schon gegen beide angetreten ist — gibt STARS & STRIPES bei Windgeschwindigkeiten über 18/20 Knoten die bessere Chance, favorisiert aber KOOKABURRA bei leichterem Wetter. Murray sagt einen Endstand von 4 : 2 zu seinen Gunsten voraus, während Conner sich lieber noch nicht festlegt, aber sehr viel Zuversicht und Selbstvertrauen ausstrahlt. Seine Techniker stehen ihm darin nicht nach. Sie haben ihr Leistungsvorhersageprogramm mit den von KOOKABURRA III in den Rennen erzielten Daten gefüttert und beim Vergleich mit den Daten von STARS & STRIPES festgestellt, daß ihr eigenes Schiff bei Windgeschwindigkeiten über 12 Knoten besser abschneidet.

Die Computeranalyse hat sich als zutreffend erwiesen, als die Leistung des amerikanischen Schiffes mit der von KIWI MAGIC verglichen worden ist. Warum soll sie nicht auch diesmal stimmen?

America's Cup

Fremantle 1987

KOOKABURRA III gegen STARS & STRIPES
Verteidigerin   Herausforderin

Iain Murray, *Skipper*	Dennis Conner, *Skipper*
Derek Clark, *Taktiker*	Tom Whidden, *Taktiker*
Andrew York, *Navigator*	Peter Isler, *Navigator*
Peter Gilmour, *Großschot-Trimmer*	John Wright, *Großschot-Trimmer*
Greg Cavill, *Mastmann*	John Barnitt, *Mastmann*
Don McCracken, *Bugmann*	Scott Vogel, *Bugmann*
Anthony Bellingham, *Pitmann*	John Brown, *Pitmann*
Toby Richardson, *Trimmer*	Adam Ostenfeld, *Steuerbord-Tailer*
Rick Goodrich, *Grinder*	Bill Trenkle, *Backbord-Tailer*
Tony Rice, *Grinder*	Jim Kavle, *Grinder*
Paul Westlake, *Steuerbord-Trimmer*	Henry Childers, *Grinder*

Rennen	Tag	Sieger	Zeitdifferenz
1.	31. 1. 87	St. & St.	1′41″
2.	1. 2. 87	St. & St.	1′10″
3.	2. 2. 87	St. & St.	1′46″
4.	4. 2. 87	St. & St.	1′59″
5.	–	–	–
6.	–	–	–
7.	–	–	–

Fremantle, 4. Februar 1987, 16:15′55″ Uhr
STARS & STRIPES gewinnt den America's Cup

4 DIE ENTSCHEIDUNG

Kookaburra und Stars & Stripes im zweiten Rennen des Finales um den America's Cup.

4 DIE ENTSCHEIDUNG

„Die Amerikaner werden bald antreten, um uns den Cup schleunigst wieder abzunehmen", sagte mir Ben Lexcen Ende 1983. „Sie sind so viele und wir so wenige. Australien ist ein Agrarland, Amerika eine Industrienation. Undenkbar, daß sie aus dieser Lektion nichts gelernt haben."

Gut drei Jahre später, in der letzten Januarwoche 1987, ist Ben Lexcen nach wie vor der gleichen Meinung. Obwohl Diplomat genug, um öffentlich keine Vorhersagen zu äußern, glaubt er doch fest an die Überlegenheit von Conners Team. Vor allem hält er die enorme Erfahrung der Amerikaner für entscheidend. „Wenn wir die beiden Gruppen vergleichen, Mann mit Mann und Funktion mit Funktion, wird eines klar: Um zu verlieren, müßten die Amerikaner schon von einem Fehler zum anderen stolpern oder ein wesentlich langsameres Schiff segeln. Wir dürfen nicht vergessen, daß es 1983 immerhin 3 : 3 stand, ehe wir's schließlich schafften, das entscheidende Rennen zu gewinnen. Und unsere AUSTRALIA II damals war wesentlich besser als LIBERTY. Eine ähnlich klare Überlegenheit gegenüber STARS & STRIPES sehe ich heute bei KOOKABURRA III nicht. Sie hat elegante Linien und ist schön anzusehen und zu segeln, aber STARS & STRIPES ist eine richtige Kampfmaschine, ebenso stark wie unelegant."

Umjubelt von vielen tausend Zuschauern laufen KOOKABURRA und STARS & STRIPES am 31. Januar 1987 zum ersten Rennen um den America's Cup aus dem Fisherman's Harbour in Fremantle.

10000 Stunden auf 12m-R-Yachten

Wenn man den Erfahrungsstand der beiden Teams vergleicht, die sich jetzt auf ihre Konfrontation im Finale vorbereiten, dann ist der Standard bei STARS & STRIPES eindeutig höher. Von Conner heißt es, daß er über 10000 Stunden auf 12m-R-Yachten gesegelt hat – ein Vorsprung an Routine, den man unmöglich ignorieren kann. Auch viele seiner Techniker und Crewmitglieder bestreiten – was ebenso wichtig ist – in Fremantle ihre dritte oder gar vierte America's-Cup-Kampagne, während in KOOKABURRAS Crew nur sechs Mann spezielle, auf 1983 zurückgehende Erfahrungen besitzen, die sie auf ADVANCE, CHALLENGE 12 oder VICTORY erwarben. Reichen drei Jahre aus, wenn man sich mit einem Gegner messen muß, der über zehn Jahre Erfahrung verfügt? Hatte nicht Alan Bond vier Anläufe nehmen müssen, bevor er seinen ersten Sieg errang?

Enthüllte Geheimnisse

Unmittelbar vor dem Finale kannten die Männer des Taskforce- und des Sail-America-Teams die meisten der bisher geheimgehaltenen Konstruktionsdetails des jeweils gegnerischen Schiffes. Bei der Nachvermessung von STARS & STRIPES war Iain Murray, bei der von KOOKABURRA III der amerikanische Konstrukteur Bruce Nelson zugegen. Auch streng gehütete Geheimnisse waren mittlerweile durch die Absperrungen im Fisherman's Harbour gesickert. Bald kursierten glaubwürdige Skizzen, angefertigt von Konstrukteuren der anderen Syndikate, die als Beobachter in Fremantle geblieben waren. In ihren wichtigsten Dimensionen ähnelten sich die beiden Zwölfer stark, beide wogen rund 26 Tonnen, und ihre Wasserlinienlängen lagen zwischen 14,05 und 14,10 m.

Bruce Nelson räumte ein, daß KOOKABURRA III ihn nur wenig überrascht hätte; er bezeichnete sie als raffinierte, evolutionäre Weiterentwicklung von AUSTRALIA II. An KOOKABURRAS Kiel hängt unten ein ausgeprägter Ballast-Torpedo, welcher die Kielkante nach vorne überragt. Die Kielflügel sind lang, dünn und haben eine Spannweite von 3,60 m.

Auf der Gegenseite verhehlte Murray nicht seine große Überraschung. Anders als Nelson, schienen ihm die beiden Boote doch recht verschieden zu sein. Er sagte: „Die Amerikaner haben konsequent einige Ideen verwirklicht, die auch wir erwogen, aber als ungeeignet verwarfen. Daraus folgt, daß einer von uns völlig falsch liegen muß."

Dieser Satz fiel schon oft in der langen Geschichte des America's Cup, zum ersten Mal vielleicht 1851, als die Briten in Cowes vor dem amerikanischen Schoner AMERICA standen. Jetzt konnte Murray feststellen, daß STARS & STRIPES ein strömungsgünstiges Unterwasserschiff mit relativ viel Verdrängung vorn und achtern besaß. Der Kiel war an seiner Wurzel kurz und sehr dünn und nahm nach unten nicht nur gleichmäßig an Dicke zu, auch die Länge wurde zur Sohle hin immer größer. STARS & STRIPES' deltaförmige Kielflügel waren von mittlerer Länge und hatten sichelförmig gebogene, elastische Spitzen. Ihr großes Geheimnis schien die besondere Sorgfalt zu sein, mit der man die Turbulenzen reduzierte, um möglichst wenig Vortrieb zu verschwenden. Insgesamt war STARS & STRIPES das raffinierte Produkt langer Forschungsarbeit, entwickelt in aufwendigen Computer- und Testtankprogrammen.

Was nur wenige wissen: Beinahe wäre STARS & STRIPES '87 überhaupt nicht gebaut worden. Nach der Erprobung ihrer beiden Vorgängerinnen STARS & STRIPES '85 und STARS & STRIPES '86 erklärte sich Dennis Conner bereit, mit der ersteren ins Rennen zu gehen. Seine Techniker waren jedoch anderer Meinung und überzeugten ihn davon, daß sie trotz der knappen Zeit ein noch besseres Schiff bauen konnten.

In Fremantle läßt sich Murray nun im Januar 1987 genauso seinen Ärger über den innovativen Neubau der Amerikaner anmerken wie zuvor die Amerikaner ihren über Chris Dicksons GFK-Zwölfer. Außerdem ist er aufgebracht über die Entdeckung, daß die Amerikaner mit ihren „Rillchen" anscheinend eine neue Waffe besitzen, die bei schwachem bis mäßigem Wind, bei dem sich die Australier bisher klar überlegen fühlten, den entscheidenden Vorteil bringen kann. In einem Schreiben an das Vermessungskomitee verlangt Murray die Bestätigung, daß STARS & STRIPES den Klassenvorschriften entspricht und daß die Mikrorillenhaut ihres Unterwasserschiffs legal ist. Das Komitee kommt zu dem Schluß, daß alles mit den Regeln übereinstimmt. Damit verliert Murray die Chance zu protestieren und muß sein Glück nun auf der Regattabahn versuchen.

Dennis Conner ließ fünf Boote mit dem Namen STARS & STRIPES bauen. Nach Fremantle nahm er als Trainingspartner STARS & STRIPES 85 mit. Das Foto zeigt Dennis Conner während eines solchen Rennens.

Unter den wachsamen Augen australischer Polizisten wird die kostbare Silberkanne dem Publikum in Fremantle gezeigt.

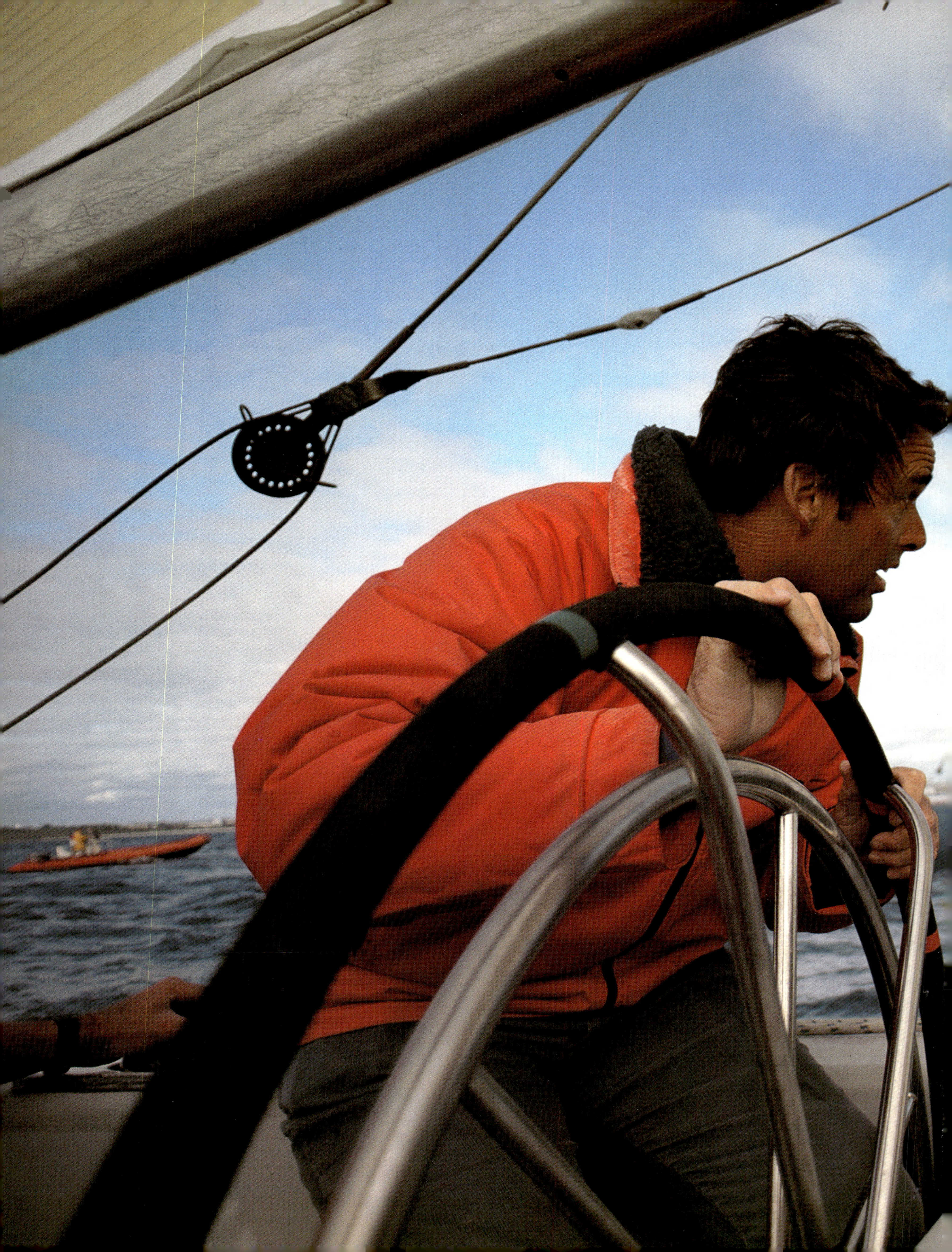

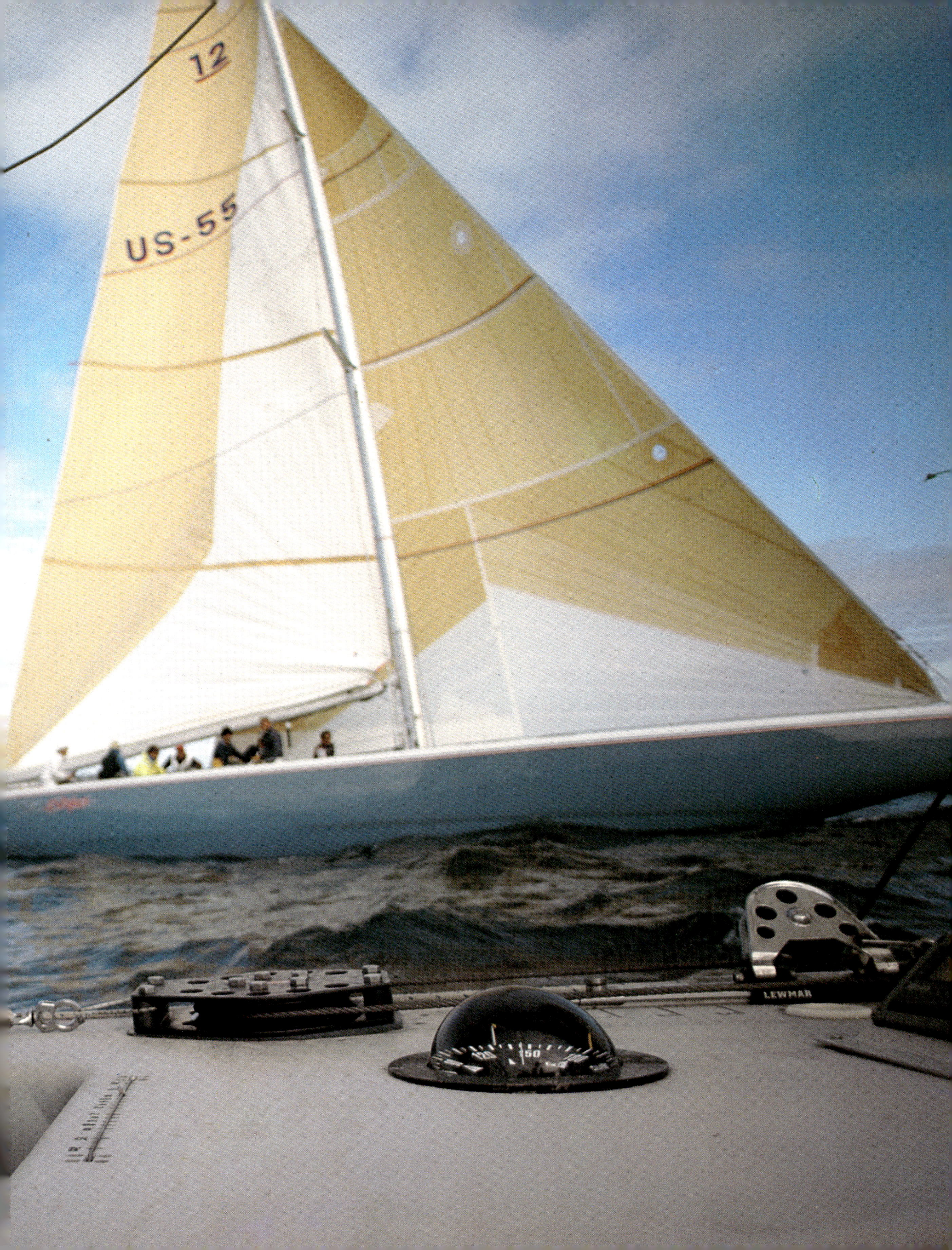
12
US-55
LEWMAR

Der Trick mit dem Spi

Dennis Conner ist 1983 selbst das Ziel eines ausgeklügelten Nervenkriegs gewesen und sich deshalb der Wirksamkeit psychologischer Waffen wohl bewußt. Also testet er bei einer der letzten Trainingsfahrten mit STARS & STRIPES demonstrativ einen neuen Spinnaker, dessen außergewöhnlicher Schnitt ihm schnell den Spitznamen „Dolly" (nach dem Stimm- und Busenwunder Dolly Parton) einbringt. Er hat im oberen Teil eine Reihe Taschen, wie sie ähnlich auf modernen Fallschirmen zu finden sind. Dieser Spinnaker gehörte zur Segelgarderobe von AMERICA II, war aber als Geheimwaffe bisher unter Verschluß gehalten worden. Seine Anfertigung ist so kompliziert, daß die Australier ihn unmöglich in den wenigen bis Regattabeginn noch verbleibenden Nächten nachschneidern können.

Wie sich zeigt, wird STARS & STRIPES diesen Spinnaker später in keinem einzigen Rennen benutzen, aber das ist zweitrangig. Wichtiger ist, daß die Amerikaner damit den Australiern einen Trumpf voraushaben, den letztere nicht rechtzeitig parieren können: nach den „Rillchen" nun schon der zweite Hammer. Conner scheint das Katz-und-Maus-Spiel Spaß zu machen, und er schürt die Spekulation, daß er noch weitere Trümpfe im Ärmel verstecke. Auf die Frage, ob er vielleicht in den Vorrunden darauf verzichtet habe, sein Schiff total auszusegeln, um nicht zuviel Aufmerksamkeit zu erregen, antwortet er sibyllinisch, er habe eben versucht, seine Karten auszuspielen, so gut er konnte.

Warum war er dann mit Vergleichsfahrten gegen AUSTRALIA III und AUSTRALIA IV im September und Dezember 1986 einverstanden gewesen? Einfach deshalb, weil er Anhaltswerte dafür brauchte, wo sein Boot leistungsmäßig zu den anderen stand; und auch um in Ruhe Informationen über die Konkurrenz zu sammeln.

War das alles wirklich so sorgsam geplant gewesen? Hatten die Niederlagen im November nur zur Taktik gehört? Dies scheint unwahrscheinlich, auch deshalb, weil alle Sail-America-Techniker es stets hartnäckig bestritten. Wichtig ist jedoch, daß der Gegner am Vorabend des Finales diesen Verdacht hegt. Die Tatsachen sprechen eher für eine permanente technische Verbesserung als für langfristige Täuschungsmanöver. Das Forschungsprogramm des Sail-America-Teams lief bis Januar ununterbrochen weiter, und folgerichtig begann das Schiff erst nach den letzten Umbauten positiv zu beeindrucken, als der Fremantle Doctor zu wehen anfing – und damit Bedingungen herrschten, für die STARS & STRIPES modifiziert worden war.

In den Tagen vor dem Finale wurde klar, daß die Herausforderer nicht nur das radikalere Schiff besaßen, es hatte sich auch an wesentlich mehr Rivalen gemessen. Conner hielt KOOKABURRA III für ein gutes Allround-Schiff mit hervorragenden Manövriereigenschaften, aber das schien ihn überhaupt nicht zu belasten. Vertraulich prognostizierte er in kleinem Kreis einen Endstand von 4 : 0 zu seinen Gunsten. Er war sich mit seinem Team völlig klar über ein Manko des australischen Schiffes: daß es anhand sehr weniger Vergleichswerte getrimmt worden war. Den Herausforderern war es nie in die Nähe gekommen – bis auf die letzte Vergleichsfahrt gegen NEW ZEALAND, bei der KOOKABURRA III nicht gut ausgesehen hatte. Und nun war es zu spät, um noch was dran zu ändern.

Fernsehkameras an Bord

Beobachter wie Regattateilnehmer waren überzeugt, daß sehr viel von den

Zwei der kuriosen Poster, die vielerorts in Fremantle zu finden waren. Symptome des steigenden Cup-Fiebers spürte man überall in der Stadt.

Wetterbedingungen abhängen würde. John Bertrand, seinerzeit Skipper von AUSTRALIA II, fühlte sich verpflichtet, die „Boys" über einige Punkte zu unterrichten, die er für Conners Schwächen hielt. Die Schiffsführung studierte stundenlang Aufzeichnungen der von STARS & STRIPES in den letzten Monaten angewandten Starttaktiken. Es hieß, das Taskforce-Syndikat besitze die umfangreichste Videothek in ganz Fremantle. Nicht umsonst gehört Fernsehkanal 77 Alan Parry, einem seiner Sponsoren. Dem Fernsehen fällt überhaupt eine wichtige Integrationsrolle zu, es übermittelt die America's-Cup-Regatten in alle Welt. Selbst auf den Begleitschiffen und den Booten des Regattakomitees hängen alle Blicke am TV-Bildschirm. Auf KOOKABURRA III sind zwei Fernsehkameras montiert, eine achtern vom Mast und eine unter Deck. Beide werden mit ihren Gyroscope-Plattformen bei jedem Krängungswinkel lotrecht ausgerichtet und haben Zoom-Objektive. STARS & STRIPES fährt zwar nur eine fest angebrachte Fernsehkamera, wie sie bei Autorennen benützt wird, aber auch hier können die Zuschauer damit das Geschehen aus der Insiderperspektive verfolgen und so besser verstehen, was sich an Bord abspielt.

KOOKABURRA im dritten Finalrennen um den America's Cup. Ihr Kiel geht unten in die Form einer geflügelten Bombe von 3,60 m Spannweite über.

Endlich: Conner gegen Murray

Die Wettervorhersage für den 31. Januar schien vorteilhafter für das australische Boot. Der Tag war trist und grau, es dauerte lange, bis sich die Seebrise durchsetzte. Der für 13.00 Uhr vorgesehene Start zum ersten Rennen wurde um 20 Minuten verschoben. Dann fällt der Vorbereitungsschuß, obwohl der Wind noch sehr leicht und unstet ist. Schließlich erreicht die Brise etwa 12 Knoten, was unterhalb des für STARS & STRIPES vorteilhaften Bereichs liegt. Wie auch in den meisten Rennen um den Louis-Vuitton-Cup hält Conner sofort auf die Zuschauerboote an Steuerbord zu, um den Kontakt mit seinem Gegner so lange wie möglich hinauszuzögern und protestträchtige Situationen zu vermeiden. Auf KOOKABURRA III steht für den Start Peter Gilmour am Ruder, hinter sich als Taktiker Derek Clark. Auf dem Achterdeck der Amerikanerin fungiert Tom Whidden als Taktiker, Peter Isler als Navigator und John Wright als Großschot-Trimmer. Kurz vor dem Startschuß hatte STARS & STRIPES, am Wind segelnd, ihre Gegnerin unter Kontrolle. Eine Minute vor dem Start wendete KOOKABURRA von der Linie weg und hielt auf das Komiteeboot zu.

Beide Yachten gingen praktisch im selben Moment über die Startlinie, wobei STARS & STRIPES dicht an der Tonne und KOOKABURRA am anderen Ende beim Komiteeboot querte. Rund eineinhalb Minuten lang blieben beide auf unterschiedlichem Bug. Dann raumte der Wind für STARS & STRIPES um zirka 20 Grad. So konnte sie, auf der linken Seite der Bahn segelnd, in Führung gehen. Die Windgeschwindigkeit lag jetzt bei etwa 10 Knoten, was STARS & STRIPES nicht gerade begünstigte. Nun mußten die Mikrorillen zeigen, was sie wert waren. Wieder drehte der Wind, und zwar zurück auf die Backbordseite des Kurses, mehr in Richtung Süd. Insgesamt änderte sich die Windrichtung im Lauf der ersten halben Stunde um 55°. STARS & STRIPES erreichte die Luvmarke mit einem Vorsprung von einer Minute und 15 Sekunden. Die Hast, mit der das Regattakomitee des Royal Perth Yacht Club das Rennen hatte starten lassen, gereichte der Verteidigerin wahrhaftig nicht zum Vorteil. Der erste Vorwindgang wurde wegen der Winddrehung nun zu einem Raumschotkurs, und dabei machte STARS & STRIPES weitere fünf Sekunden gut, obwohl doch KOOKABURRA gerade bei Wind achterlicher als dwars besonders schnell sein sollte. Auf der zweiten Kreuz wurde es für die Amerikaner schon haariger. Der Wind flaute auf acht Knoten ab, wodurch die Australier den Amerikanern 43 Sekunden abnehmen konnten. Trotzdem lag STARS & STRIPES zu Beginn des ersten Raumschenkels mit 41 Sekunden in Führung. Bis zur Halsetonne hatte sie diesen Vorsprung auf eine Minute und zwölf Sekunden ausgebaut. Auf dem zweiten Raumschenkel legte der Wind dann auf 16/18 Knoten zu, was STARS & STRIPES gut schmeckte. Jetzt mußte Conner nur noch mehr Tempo machen und seinen Gegner auf der nächsten Kreuz unter Kontrolle halten. Beim dritten Runden der Luvtonne lag er um 1 : 17 Minuten vorn und gewann weitere 40 Sekunden auf dem letzten Vorwindgang. Nach der Leemarke betrug STARS & STRIPES' Vorsprung damit gut zwei Minuten. An der Zielkreuz flaute es wieder auf 10/12 Knoten ab, was den Australiern ermöglichte, etwa 20 Sekunden aufzuholen, doch der Sieg war Conner nicht mehr zu nehmen. Er ging eine Minute und 41 Sekunden vor KOOKABURRA über die Linie. Insgesamt hatten am Ausgang des Rennens nach der ersten Viertelstunde keine Zweifel mehr bestanden.

Auf der Pressekonferenz am Abend

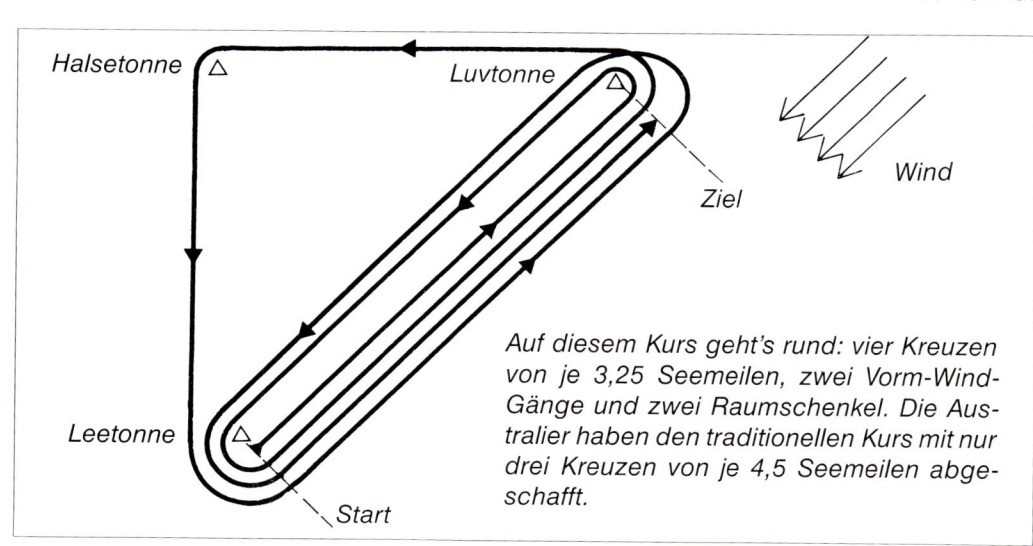

Auf diesem Kurs geht's rund: vier Kreuzen von je 3,25 Seemeilen, zwei Vorm-Wind-Gänge und zwei Raumschenkel. Die Australier haben den traditionellen Kurs mit nur drei Kreuzen von je 4,5 Seemeilen abgeschafft.

Vom schnellen kleinen Schlauchboot-Tender von STARS & STRIPES aus verfolgen John Marshall, Malin Burnham und Robert Hopkins das Rennen in der vordersten Reihe der Zuschauerboote.

Die Muskelmänner an den Coffeegrinder-Winschen der STARS & STRIPES. Sie trugen viel zu dem perfekten Eindruck bei, den die amerikanische Crew in den letzten Rennen hinterließ.

wirkte Conner sehr zufrieden, wollte sich aber noch nicht auf die Rolle des künftigen Gewinners festlegen lassen. „Diesen ersten Sieg", erklärte er, „verdanken wir zum einen Teil der Schnelligkeit unseres Bootes, zum anderen dem Umstand, daß wir bei der ersten Winddrehung auf der richtigen Seite des Kurses waren."

War das nun Glück oder der richtige Instinkt, gefördert vielleicht durch eine korrekte Auslegung der Windvorhersage? Selbstverständlich hatten die Meteorologen von Sail America auf ihrem Tender BETSY die Computeranalyse des Wetters während der ganzen Vorbereitungsphase fortgeschrieben und alle Tendenzen bis zum letzten erlaubten Augenblick per Funk an STARS & STRIPES' Navigator Peter Isler durchgegeben. Auf derselben Pressekonferenz betonte Iain Murray, daß für das zweite Rennen am nächsten Tag stetigerer Wind vorhergesagt war, und hoffte, damit würde „ein 20/22-Knoten-Doktor den Zweikampf fairer und interessanter machen".

Ein perfekter Fremantle Doctor

Am 1. Februar, einem Sonntag, fällt der Vorbereitungsschuß bei 22 Knoten Windgeschwindigkeit. Es herrscht Bilderbuchwetter mit strahlend blauem Himmel, ein ausgeprägter Fremantle Doctor setzt den Wellen weiße Kämme auf. Beim Start verlegt sich KOOKABURRAS Steuermann Peter Gilmour diesmal auf eine aggressivere Taktik und geht drei Sekunden vor Conner über die Linie. Conner, der bereits vor dem Start gezeigt hat, daß er schneller und mit weniger Fahrtverlust durch den Wind drehen kann, segelt in Lee von KOOKABURRA. Einige Minuten lang halten die Boote über Backbordbug gemeinsam auf die linke Seite der Bahn zu. Dann luvt Conner hoch, Murray luvt mit, um ihn abzudecken, und schon dabei wird klar, daß STARS & STRIPES in Führung liegt. Als sie dann wendet, kann KOOKABURRA nur noch hinter dem Heck der Amerikanerin durchgehen. Damit ist das zweite Rennen wie schon das erste praktisch entschieden, bevor die Boote zum ersten Mal die Luvmarke runden. Am Ende der ersten Kreuz hat STARS & STRIPES einen Vorsprung von zwölf Sekunden, den sie auf dem anschließenden Vorwindgang auf 29 Sekunden ausbauen kann; nach der zweiten Kreuz ist er auf eine Minute und 14 Sekunden angewachsen. Zu keinem Zeitpunkt kommt es zu einem engen

Nach fast vier Monaten harter Ausscheidungsrennen treffen Herausforderin und Verteidigerin am 31. Januar 1987 erstmals im Matchrace aufeinander. ▶

STARS & STRIPES erreichte ihre Höchstform rechtzeitig für die letzten Rennen. Dies lag nicht nur am Können und an der Erfahrung von Skipper und Crew, sondern auch an der aufwendigen Reduzierung von Turbulenz und Widerstand. ▶

STARS & STRIPES und KOOKABURRA im zweiten Rennen. Die Amerikaner gewannen überlegen mit einer Minute und zehn Sekunden Vorsprung.

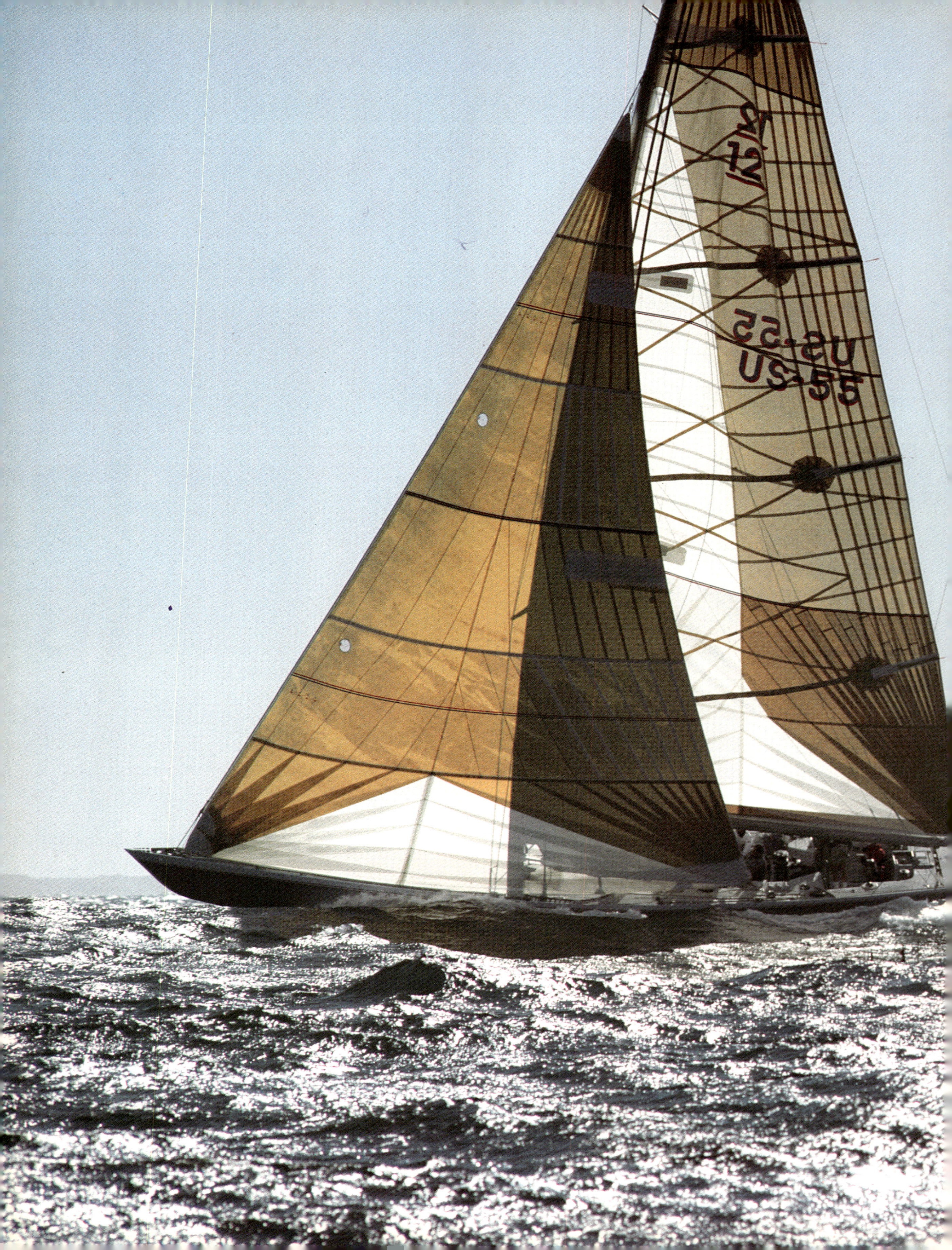
12
US-55

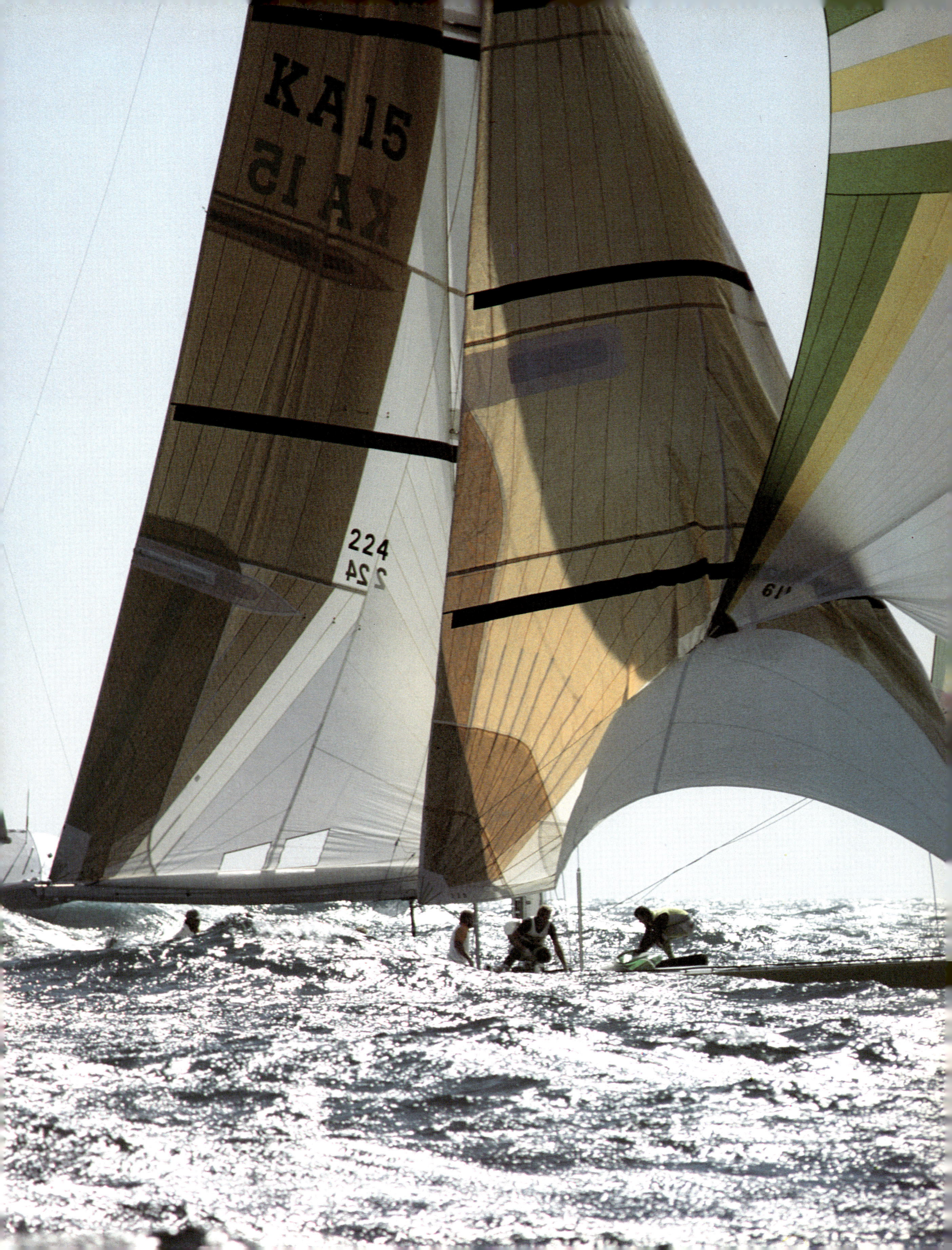
KA 15
224

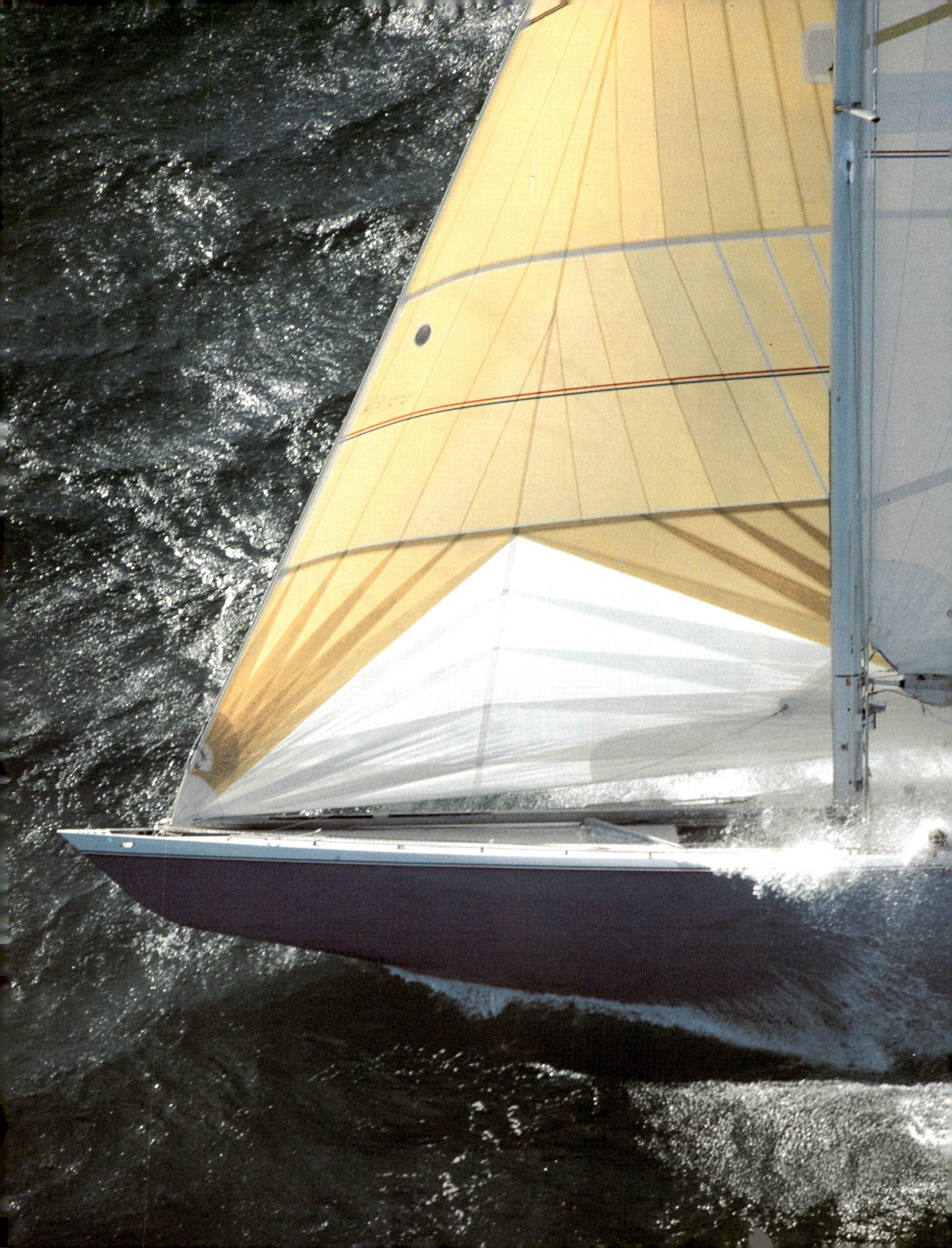

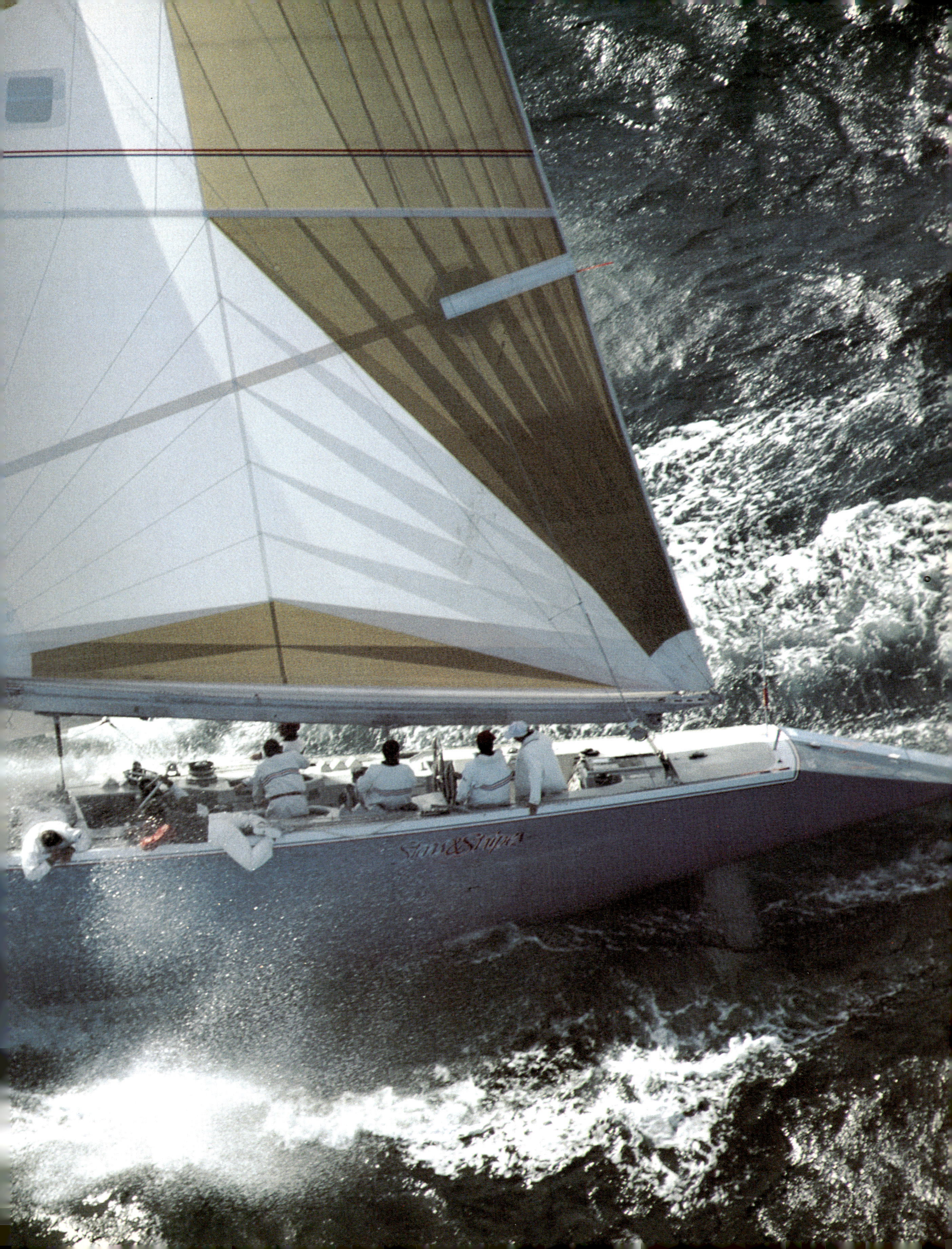

Match, es gibt auch nur wenige Wendeduelle. STARS & STRIPES ist das eindeutig überlegene Boot, und Conner macht mit seinen Leuten auch nicht den kleinsten Fehler. Bei Windgeschwindigkeiten um 25 Knoten vermag KOOKABURRA einfach nicht aufzuschließen, und wieder gewinnen die Amerikaner, diesmal mit einer Minute und zehn Sekunden.

Hatten STARS & STRIPES' Kritiker nicht behauptet, daß ihre Manövriereigenschaften zu wünschen übrigließen, daß die beweglicheren Konkurrentinnen wie NEW ZEALAND und KOOKABURRA ihr deshalb gefährlich werden könnten? Woran liegt es also, wenn nun das Gegenteil eintritt? KOOKABURRA verkörpert eher das traditionelle Ideal eines Matchracing-Bootes, sie dreht fast auf dem Teller und beschleunigt danach sehr schnell, während STARS & STRIPES bei Geradeausfahrt ihre Vielseitigkeit und Überlegenheit zeigt. Ein Matchrace zwischen STARS & STRIPES und KOOKABURRA gleicht einem Zweikampf: KOOKABURRA wehrt Attacken mit der größeren Beweglichkeit ab, STARS & STRIPES aber, die nicht ganz so behende ist, fährt ihre Angriffe mit absoluter Präzision. Und genau dies war Dennis Conners Taktik.

Conners gute Nase

Die amtliche Wettervorhersage kündigte für Montag, den 2. Februar, leichten Südostwind an. Dies begünstigte KOOKABURRA so offensichtlich, daß viele Beobachter mit Conners Entscheidung für einen Ruhetag rechneten (nach dem Reglement kann jedes Team bis zum vierten Rennen einschließlich einen solchen „lay day" einlegen und einen zweiten danach). Doch nach eingehender Beratung entschied sich das Team von STARS & STRIPES gegen den Ruhetag. Conner wollte seinen psychologischen Vorteil nutzen, außerdem wußte er von seinen Meteorologen, daß sich am Montag mit 30%iger Wahrscheinlichkeit stetiger Wind durchsetzen würde, während für Dienstag, den 3. Februar, wieder Leichtwind angekündigt war. Deshalb schien es ihm klüger, sich den Ruhetag noch aufzusparen.

Auch das Taskforce-Team wollte keinen Tag aussetzen, weil es auf eine leichte,

STARS & STRIPES zeigte ihre Kampfstärke und Schnelligkeit bei kräftigem Wind und rauher See. In ihrer Konstruktion wurde jahrelange Erfahrung in den Gewässern vor Hawaii umgesetzt, wo das Wetter dem gleicht, das im Januar und Februar in Fremantle herrscht.

Iain Murrays KOOKABURRA *ist nach einem lauten, spottlustigen und aggressiven Buschvogel des fünften Kontinents benannt. Hier ein Mann im Kostüm dieses Taskforce-Maskottchens.*

Ein australischer KOOKABURRA-*Fan mit einer Nachbildung des America's Cup aus silbern bemalter Pappe.*

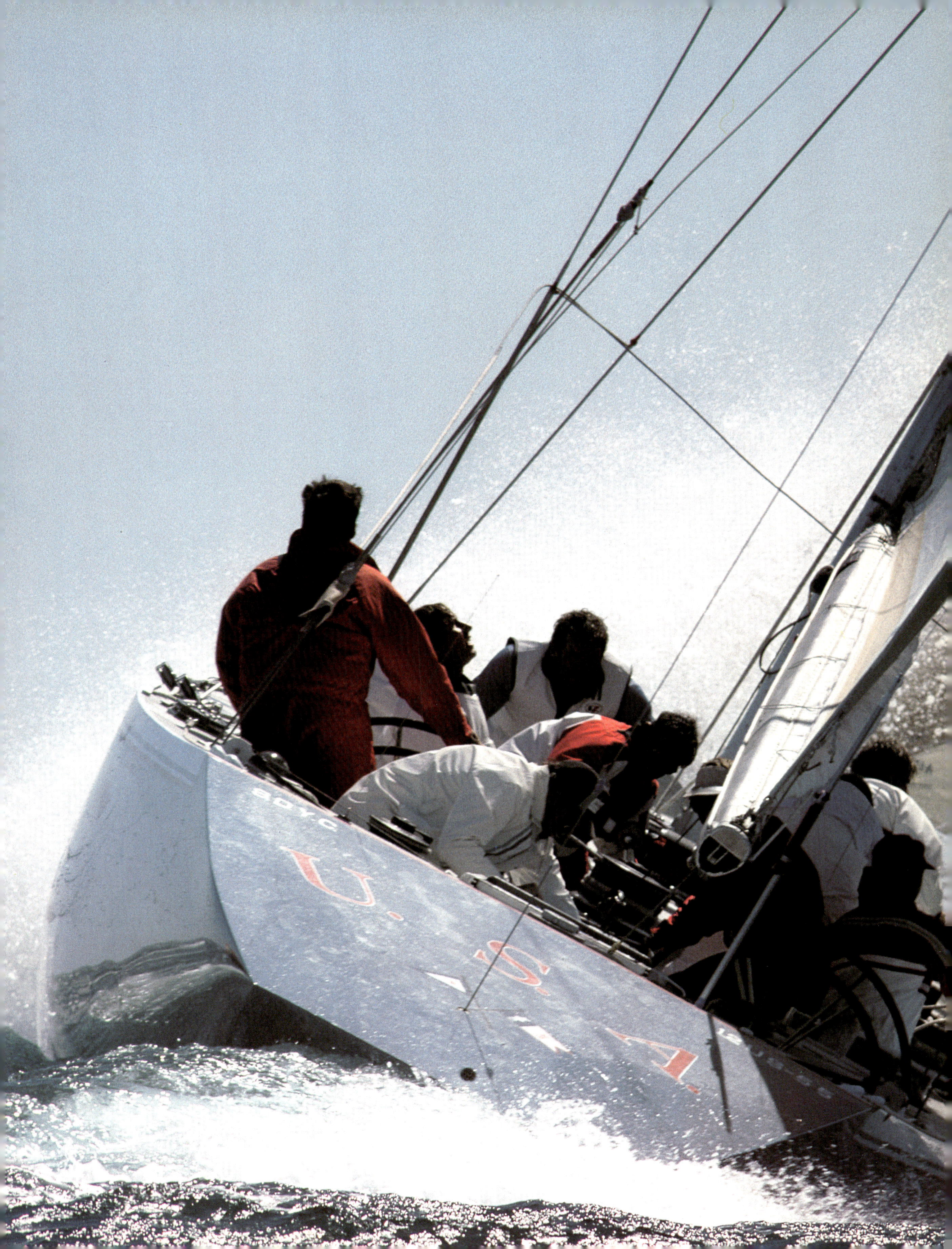
SDYC
U.S.A.

umspringende Brise hoffte. Wie Murray sagte, zog er es vor, gegen STARS & STRIPES bei Windgeschwindigkeiten deutlich unter 24 Knoten anzutreten. Er sah für KOOKABURRA bei leichtem bis mäßigem Wind sehr viel bessere Chancen.

Als die Tender und Zuschauerboote in Richtung Regattabahn ausliefen, war es bei schwacher Landbrise noch sehr ruhig. Allgemein wurde deshalb eine Startverschiebung erwartet. Dennoch fiel kurz nach 12.00 Uhr mittags der Vorbereitungsschuß, und zwar bei einem Südost von 12 Knoten, mit zunehmender Tendenz. Auch wenn während des ganzen Rennens nie mehr als 18 Knoten Wind herrschten, war dies doch nicht das Wetter, mit dem die Australier gerechnet hatten.

Beim Start querten KOOKABURRA III und STARS & STRIPES die Linie jeweils am entgegengesetzten Ende, wobei sich die Amerikaner wieder dicht an die Tonne hielten. Als sie sich zum ersten Mal trafen, kam es zu den spannendsten Momenten des Rennens — vielleicht sogar des ganzen Finales. STARS & STRIPES zog achtern an KOOKABURRA vorbei. Das australische Boot wirkte zunächst schnell genug, um in Führung zu bleiben, doch da setzten Conner und sein Taktiker Whidden ihre größere Erfahrung ein. „Uns war klar, daß wir ihn nicht kriegen, wenn wir alle 45 Sekunden eine Wende fahren müssen", berichtete Conner nach dem Rennen. „Wir mußten ihm unsere Gangart aufzwingen, ihn zu einem Fehler verleiten." Und genau dies geschah, als die Yachten sich zum vierten Mal trafen. STARS & STRIPES legte sich in die sichere Leeposition unter KOOKABURRA und zwang sie so zur Wende, wobei Murray den entscheidenden Fehler machte. Er kam zu schnell zurück, noch bevor er wieder voll in Fahrt war. Conner wendete wieder und konnte mit Speed hinter KOOKABURRA durchgehen, ihre Deckung durchbrechen und sich befreien. „In diesem Augenblick war ich absolut sicher, daß wir den Cup gewinnen würden", gestand Conner später.

An der Halsetonne lagen die Amerikaner mit 15 Sekunden in Führung, doch statt zur Innenseite der Bahn zu halsen, was sie bisher fast immer getan hatten, zogen sie den Spinnaker hoch und blieben außen, wo sich der Wind anscheinend günstiger eingeweht hatte. Murray dagegen halste sofort und blieb auf der Innenseite der Bahn. An der Leetonne lag STARS & STRIPES mit 57 Sekunden vorne. Auf der dritten Kreuz zeigte STARS & STRIPES bei 18 Knoten Wind ihre ganze Kraft und zog mit einer Minute und 21 Sekunden Vorsprung davon. Die amerikanischen Experten gerieten vor Freude fast aus dem Häuschen: „Es kam genauso wie in unserem VPP (Velocity Prediction Program) vorhergesagt." Conner gewann das dritte Rennen mit einer Minute und 46 Sekunden. Am 3. Februar nahm das Sail-America-Team seinen Ruhetag, was sich wiederum als kluges Manöver erwies. Denn dieser Tag brachte sehr schwachen Wind aus wechselnden Richtungen. Das war nicht nur Glück, das war die richtige Wetteranalyse.

John Marshall, Koordinator des Konstruktionsteams von STARS & STRIPES, begutachtet die vieldiskutierten Mikrorillen des Anti-Turbulenzfilms, die sich wie Schallplattenrillen anfühlen.

Die besten Segel von AMERICA II und das Groß von USA ergänzten STARS & STRIPES' Garderobe.

Nach dem vierten Rennen am 4. Februar 1987 bekam das Publikum endlich den Kiel von STARS & STRIPES zu sehen. An der Wurzel sehr dünn, verbreitert sich seine Form harmonisch zur Sohle hin. Zur Präsentation trägt er den eigens angebrachten Schriftzug eines der wichtigsten Sponsoren des siegreichen Herausforderers.

Das böse Erwachen der Aussies

Das Ende des australischen Traums von der erfolgreichen Cupverteidigung begann sich abzuzeichnen. Auch bei Taskforce gab man sich nun keinen Illusionen mehr hin. Vielmehr wurde angekündigt, daß sich das Syndikat auf die nächste Herausforderung vorbereite, und zwar mit einem geplanten Budget von 50 Millionen A$. Selbst Alan Bond schien jetzt, da der Cup für Westaustralien so gut wie verloren war, bereits an seine Rückeroberung zu denken. Dank der Faszination der „Kanne" wird es bei der nächsten Austragung tatsächlich keinen Mangel an Herausforderern geben. Deutsche, Skandinavier, Spanier und Japaner sind bereits im Planungsstadium, sammeln in Fremantle Zahlenmaterial und Erfahrungswerte, schließen Vorverträge und engagieren Berater. Viele Konstrukteure und Skipper der ausgeschiedenen Syndikate haben die Rollen von Beobachtern und Fernsehkommentatoren übernommen: so Colin Beashel, Syd Fisher, Marc Pajot, Harold Cudmore, Chris Dickson, Buddy Melges, Tom Blackaller, Mauro Pelaschier, Rod Davis und Cino Ricci. Und alle treibt zweifellos der Wunsch, einen neuen Anlauf zu nehmen.

Am Mittwoch, dem 4. Februar, weht wieder ein richtiger Fremantle Doctor. Unter dem anfeuernden Jubel von 50 000 Zaungästen laufen die beiden Teams aus dem Hafen. Als KOOKABURRA III vor dem Startraum liegt, werden einige Taucher nach unten geschickt, die einen speziellen Unterwasseranstrich auftragen, der den Reibungswiderstand reduzieren soll. Mit diesem Schachzug wollen die Australier demonstrieren, daß sie wirklich nichts unversucht gelassen haben. Murray und Gilmour sind sich bewußt, daß ihr Gegner an der Kreuz absolut überlegen ist. Ihre einzige Hoffnung, ihn doch noch zu besiegen, liegt in einer besonders aggressiven Starttaktik – wenn sie sich nicht nur darauf verlassen wollen, daß Conner Fehler begeht. Gilmour versucht, STARS & STRIPES vor der Zeit über die Linie zu drücken. Doch Conner kann den Spieß umdrehen und die Attacke der Australier zu seinem eigenen Vorteil nutzen. Fünf Sekunden vor KOOKABURRA geht er dicht an der Tonne mit voller Fahrt über die Startlinie. Von Conners Heckwelle behindert, muß KOOKABURRA sofort wenden, und zwar auf das Komiteeboot zu. Wieder ist Conner auf der von ihm bevorzugten linken Seite gestartet. Als sich die Kurse der Yachten kurz darauf zum ersten Mal kreuzen, liegt STARS & STRIPES schon mit einer Schiffslänge in Führung. Später kommentiert Conner: „Das Rennen war vorbei, bevor es richtig begonnen hatte."

Der Wind frischte bis 18 Knoten auf und stabilisierte sich dann bei 17 Knoten. STARS & STRIPES konnte ihren Vorsprung weiter ausbauen. Das Ende kam am 4. Februar um 16:15′55″ Uhr: STARS & STRIPES gewann den America's Cup mit einer Minute und 59 Sekunden Vorsprung. Damit hatte sie sich zweifelsfrei als schnellste Vertreterin der neuen Zwölfergeneration erwiesen. Auf der letzten Pressekonferenz resümierte Conner: „Von 1983 bis heute, von LIBERTY zu STARS & STRIPES, haben wir die 12m-R-Yachten um 0,3 Knoten schneller gemacht."

Ein Plakat der australischen Post zeigte den Cup, auf einer Wolke schwebend, mit der Aufschrift: „Träum weiter, Dennis!" Am Tag nach dem Finale trug das Plakat in roter Schrift den Zusatz: „Aber manchmal werden Träume wahr!"

Gerade hat STARS & STRIPES das letzte entscheidende Rennen gewonnen: Dennis Conner, seine Crew und alle Helfer sind glücklich und zufrieden. Denn der Cup, den sie vor über drei Jahren verloren haben, kehrt nun mit ihnen in die USA zurück, und ihr Team wird diesmal als Sieger in die Geschichte des Segelsports eingehen.